KB263760

부흥의 파도를 타라

작은 교회 시대적 부흥 이야기

부흥의 파도를 타라

저자 박규태
발행인 지종엽
발행처 비블리아
초판 1쇄 인쇄 2024. 9. 20.
출판신고 제2006-000034호(2006. 6. 13)
주소 서울 강북구 수유동 554-89 B01호
TEL. 010-2320-5291
총판 기독교출판유통 (031) 906-9191
ISBN 979-11-983211-5-2

부흥의 파도를 타라

이 시대를 깨우는 영적 파도가 몰려오고 있습니다.

작은 교회들을 회복시키시는 부흥의 파도입니다.

하나님은 작은 교회들을 세우시려 합니다. 숨은 우상을 드러내어 수술하는 작은 교회들과 숨은 우상을 수술한 후 회복실에서 회복 중인 교회들을 세우실 것입니다. 이런 교회들이 남은 자들의 교회입니다. 남은 자들의 교회에 시대적 부흥이 부어질 것입니다.

남은 자들의 교회가 되려면 부흥의 파도를 타는 법을 배워야 합니다. 오는 시대의 파도는 이전 시대의 파도보다 크기와 넓이와 높이와 깊이가 다릅니다. 세상 영의 파도를 덮을 수 있는 거대한 부흥의 파도가 몰려오고 있습니다.

성령님은 우리를 시대적 부흥의 파도를 탈 수 있는 일꾼들과 교회들로 만들려 하십니다. 하나님이 주시는 부흥의 파도에 올라타려면 이전 세대보다 더 엄중한 시간을 보내야 합니다. 성령님께 다루어짐으로 역사의식이 세워지고 시대를 보는 지각이 살아나야 합니다. 이러한 일은 하루아침에 이루어지지 않습니다.

물이 포도주가 되려면 돌항아리 여섯을 아귀까지 가득 채우는 과정이 필요합니다. 욱여쌈을 당하고, 답답한 일을 당하고, 박해를 받고, 거꾸러뜨림을 당하는 경험이 있어야 합니다. 이런 과정을 거치면서 성령님께서는 우리 안에 영성과 목양의 균형감각을 주십니다. 영성과 목양의 균형감각은 우리에게서 나오는 게 아닙니다. 애쓰고 힘쓴다고 될 일이 아닙니다. 나의 자아를 내려놓고 교회공동체의 자아를 내려놓을 때 성령께서 내려놓은 만큼 가르쳐주실 것입니다(고후4:7-9).

부흥의 파도는 하나님의 영역입니다.

우리가 할 일은 항상 기뻐하고, 쉬지 말고 기도하고, 범사에 감사함으로 주님과 함께 놀면서 기다리는 것입니다. 성령께서 가르쳐주시고 알려주신 대로 인내하면서 시대적인 부흥의 파도를 타는 연습이 필요합니다. 혼자 타지 말고 팀을 이루어 연합으로 타면 더 좋습니다. 1992년부터 2024년 지금까지 성령님은 저를 인도하시면서 이러한 것들을 가르치시고 교훈해 주셨습니다. 이 과정을 통해 목양 현장에서 실천신학을 배우게 하셨습니다.

하나님의 역사는 시대에 따라 다르게 나타납니다. 사역자들은 시대에 맞는 각자의 목양 현장에서 경험적 신학을 배워야 합니다. 20~30년 전에 하나님이 쓰셨던 종들과 교회들을 통해서도 목회의 교훈과 원리들을 배울 수 있습니다. 하지만 그 시대의 상황과 환경이 오늘날 우리가 겪는 환경이나 상황과 똑같지는 않기에 그것만으로는 부족할 때가 많습니다.

나는 이 책을 통해 하나님이 말씀으로 임재하시고, 한 영혼을 만지시고, 한 교회를 다루시고, 연합한 공동체를 인도하시는 성경적 원리와 과정들을 나누려고 합니다.

하나님이 작은 교회 종들과 교회들을 회복시키시는 원리.

하나님이 하시는 일에 동참하는 원리.

함께 연합하여 부흥의 바람을 타는 원리.

나는 모든 개교회의 경험이 똑같다고 생각하지 않습니다. 바닷가의 모래가 생김새가 모두 다르듯이, 부르신 종들과 교회들도 다 사명과 부르심이 다를 것입니다. 하지만 시대와 역사를 넘어 동일하게 적용되는 성경의 원리들이 있습니다. 이러한 성경적 원리를 바탕으로 나의 30년 목회 경험을 엮어서 이 시대에 불어오는 하나님의 부흥이 작은 교회들에게 어떻게 부어지는가를 기록해 보았습니다.

　앞이 보이지 않을 정도의 어려움 속에서도 하나님이 부어주실 부흥을 소망하며 꿋꿋이 목회하는 작은 교회 목사님들과 사모님들에게 그리고 함께 교회를 섬기며 세워나가는 성도님들에게 이 책이 작으나마 도움이 될 수 있기를 기도합니다.

2024년 9월

박규태

| 차례 |

1_44년 신앙 여정

01 양심의 빛 16

02 말씀의 빛 17

03 1차 광야 회복의 은혜 20

04 영적 세계를 열어주심 22

05 므리바 생수를 부으심 23

06 맛있는 밥을 지으려면 24

07 유격 조교를 준비하심 25

08 유격 훈련소 입소 26

2_내 안에 숨은 우상을 드러내심

01 영성의 황금빛 도넛 27

02 기름 부으심으로 겉사람을 강타하심 28

03 검은 엔진이 무엇이냐? 30

04 검은 엔진이 빙산으로 31

05 빙산이 위에서 큰 바위로 바뀜 32

06 큰 바위가 구들장으로 33

07 다루심의 흔적 36

08 연합의 해체 37

3_성결의 은총을 부으심

01 회복하게 하시는 하나님 38
02 갈르엣, 여갈사하두다의 해설 39

4_돌아온 탕자의 회복 과정

01 회복의 기도를 하게 하심 42
02 돌아온 탕자에게 입 맞추심 43
03 생수를 지속해서 부으시는 꿈 47
04 옷을 입혀주심 48
05 가락지를 끼워주심 49
06 발에 신을 신겨주심 53
07 송아지를 잡아 축제를 열어주심 53

5_작은 교회 회복의 동력

01 부흥 셀과 십자가 능력 전도 55
02 회복의 순서 56
03 한 새사람 교회론 57
04 다시 연합으로 59
05 르호봇 부흥샘터 기도회 61

6_작은 교회와 누룩의 비유

01 겨자씨 원리 63
02 부흥신학으로 본 겨자씨와 누룩의 비유 65
03 겨자씨 누룩 그리고 한국교회 67
04 누룩의 작은 교회 회복은 시대적 사명 70

7_작은 교회의 시대가 열림

01 돼지 90마리의 귀환 72
02 시대마다 다른 목양의 원리 79

8_우상 수술의 남은 과정

01 구들장이 머리 위에 떠 있는 돌 쟁반으로 81
02 돌 쟁반이 떠나감 82
03 형제 사랑으로 선교의 문이 열림 83
04 통역하는 중국 목사님의 시대적 꿈 84

9_작은 교회 목양 전략과 목양 영성

01 8천미터급 고산 등반전략 87
02 1진, 2진, 3진 목양전략 89
03 좁은 문을 지나가게 하라 91

10_작은 교회 전도 전략

01 코스트코에서 배우라 93
02 카타콤에서 배우라 95

11_그림자가 없는 아버지의 선물

01 숨은 우상이 제거되면 주시는 은혜 98
02 예배당 선물과 교회 명칭 변경 100
03 형제 사랑이 부어짐 101

12_작은 교회 회복의 영성 원리

01 내적 사명 103
02 외적 사명 105

13_사역자의 영성

01 청년의 영성 111

02 사심이 아닌 공심 112

03 사역적인 공심 114

04 연합의 영성 118

14_작은 교회 회복의 성장원리

01 진지를 구축하라 120

02 대장간을 만들라 121

03 대장장이를 키우는 과정 123

04 내면 영성이 우선되는 삶 124

05 재정회복을 경험하라 126

06 전도하는 삶 127

15_작은 교회 플랫폼을 만들라

01 SCPM(Small Church Platform Ministry) 128

02 10대 20대 30대 청년 리더십을 세우라 130

03 영적 연금보험을 들어라 132

04 추수할 일꾼을 보내주소서 132

16_작은 교회 리더십의 하박국 영성

01 정한 때를 더딜지라도 기다리라 134
02 남은 자들의 시대적 영성 패러다임 138

17_한사랑교회 목양 정체성

01 환난 시대를 대비하는 카타콤 교회 141
02 한사랑교회 전도영성 영역 143
03 원뉴맨 교회 146
04 성결의 은혜를 받게 하는 교회 147
05 카타콤 전도 영성 148
06 시대적 영성 명분 149
07 한사랑교회 신자 서약서 153

18_작은 교회 시대적 부흥 이야기

01 말씀으로 먼저 일하시는 하나님 157
02 네 떡을 던져 일곱 여덟에게 나눠주라 158
03 성문 어귀 나병환자 네 사람 161
04 포도주가 떨어진지라 163
05 회개의 돌항아리 6개를 채워라 166
06 르호봇 부흥샘터 기도회를 열게 하심 169

19_다음 세대 7가지 부흥원리

01 이 시대 부흥원리 1 174

02 이 시대 부흥원리 2 179

03 이 시대 부흥원리 3 182

04 이 시대 부흥원리 4 189

05 이 시대 부흥원리 5 193

06 이 시대 부흥원리 6 197

07 이 시대 부흥원리 7 202

20_유플레임 이야기

01 말씀대로 일하시는 성령 하나님 204

02 일곱이나 여덟에게 나눠주라 205

03 네 떡을 물 위에 던지라 206

04 나병환자 네 사람의 연합 207

05 원뉴맨 유플레임 열방 천사들 211

06 U-FlAME 청소년 청장년 연합을 세우심 215

07 U-FlAME을 연합의 특징 216

08 U-FlAME을 통해 주시는 교훈 220

09 원뉴맨 부흥-이스라엘과 열방의 연합 224

10 성경이 조명한 U-FlAME 연합의 영성 234

작은 교회 시대적 부흥 이야기

CHAPTER 01

44년 신앙 여정

양심의 빛

계엄으로 휴교령이 내려진 1980년 어느 날 아침, 잠에서 깨자마자 마음 중심에서 이런 말이 나왔다.

"어, 교회에 가야겠네. 교회에 가려면 성경이 있어야지."

곧바로 집을 나와 영등포 로터리에 있는 할렐루야 서점에 갔다. 검은 가죽에 빨간 테두리로 된 성경을 3,800원에 구매한 후 독서실에서 형제처럼 지내던 친구 이경천에게 이번 주일부터 너희 교회 나간다고 통보하였다. 친구 아버지가 개척한 화곡동 언덕에 있는 예장 합동 동산장로교회였다. 당시에는 내 의지로 교회에 나갔다고 생각했다. 하지만 성령께서 거역할 수 없는 마음의 감동을 주시고, 내 양심이 성령의 인도하심에 반응하여 순종한 것임을 나중에 알게 되었다. 다니엘서에 나오는 미친 시간을 채운 느브갓네살이 7년이 마감되는 시간에 총명의 영이 임하자 고개를 하늘로 들어 창조주 하나님을 바라보게 되는 원리대로 내게 역사하셨다는 것을 알게 하셨다.

말씀의 빛

1985년 4월 20일 셋째 주 토요일 오전 10시경이었다. 호세아서 6장 6절 말씀이 빛으로 내 마음에 임하면서 눈물 콧물이 범벅이 되어 회개가 터졌다.

호세아 6:6

나는 인애를 원하며 번제보다 나를 아는 것을 원한다

그리고 성령을 받았다. 양심의 빛이 임한 후 5년 만의 일이다. 성령께서는 말씀으로 내 자아를 깨뜨리셨을 때 나는 처음으로 유월절 어린양 십자가를 경험하게 되었다. 성령으로 거듭나는 일이 내게 일어난 것이다.

우리 가정은 부모님과 세 명의 누나와 남동생, 여동생의 6남매이다. 아무도 예수님을 믿지 않았다. 어머니는 종교심이 강했는데 열심히 우상을 섬겼다. 감리교에서 신앙생활을 하신 외할아버지의 40년 넘는 믿음과 기도가 있었기에 내가 신앙을 갖게 되었고, 이후 하나님의 손이 우리 가정에 나타나기 시작했다. 군에 입대한 후 어머니에게서 편지가 왔다. 편지 마지막에 "주님의 은총이 깃들기를 빈다"라고 쓰여있었다. 우리 집에 기적 같은 일이 벌어지기 시작했다. 내가 군대에 간 후 온 식구들이 여의도 순복음교회에 출석하여 주일예배뿐 아니라 금요철야까지 참석했다. 가정예배까지 드리는 신앙의 가정으로 변화된 것이다.

1983년 11월에 군대를 제대하였다. 집에 돌아온 후 나는 마음에 큰 부담이 생겼다. 먼저 예수님을 믿었지만, 신앙의 체험도 없이 형식적인 신앙생활을 하는 내 모습과 나중에 믿기 시작한 가족들의 신앙 열정이 비교되기 시작했다. 그러던 중 갑자기 교회에서 청년부 회장을 맡게 되었다. 몇 명밖에 안 되는 청년 모임이었다. 나는 고등학교 졸업 친구들에게 당구를 가르쳐 준다고 꼬셔서 교회에 나오게 하였다. 이런 식으로 청년부 숫자가 이십 명이 넘게 되었다. 교회에서는 너무 좋아하였다. 하지만 나는 인간적 열심의 한계에 도달했다. 대학 복학 후 학비를 스스로 조달하기 위해 우유배달을 시작하였다. 새벽에 우유를 배달한 후 학교에 가고 방과 후에는 청년회 예배를 준비하였다. 꽉 찬 하루 일정으로 정신적 육체적 피로가 몰려왔는데, 이때 성령께서 일하시기 시작하셨다. 우연히 조지뮬러 목사님의 자서전을 읽게 되었다. 고아 이천 명 이상을 돌보면서 오만 번 넘는 기도의 응답을 받은 내용이 마음의 감동으로 다가왔다. 하나님이 이렇게 실제로 기도에 응답하신다는 사실이 놀라웠다.

그러던 중에 둘째 누나로 인해 성령의 은혜를 받는 일이 일어났다. 둘째 누나는 원래 어머니와 같이 점집에 드나들며 우상을 섬겼었다. 내가 군대에 있을 때만 해도 이름있는 외국은행에 다녔는데 몸이 안 좋아 잠시 쉬게 되었다. 건강이 좋아져서 다시 취업하려 했지만 될 듯하면서 잘 안됐나. 하나님의 손이 가로막은 것이다. 이 일로 인해 성당에 몇 번 나가다가 여의도 순복음교회에 가게 되었다. 이후 기도 응답으로 고등학교 교사가 되었으며 재직 중에 부르심을 받아 순복음교회에 있는 영산신학원에 입학하였다. 어느 날 누나가 성경 공부 녹음테이프를 내게 가져다주었다. 연세대 신학대 교수인 김중기 교수 강의 테이프였는데 평신도 대상 '소선지서 성경 공부'였다. 들어보니 재미가 있고 쉽게 와 닿았다.

1985년 4월 20일 토요일, 우유배달을 마치고 잠깐 잠을 잔

뒤 성경을 펴놓고 테이프를 들었다. 호세야 6장 6절 말씀이 빛으로 내 마음을 찔렀다. 회개의 영이 내 안에 부어지기 시작했고 나는 그동안 형식적인 종교 생활을 했던 것을 회개하였다. 30분도 안 되는 시간이었지만 영적인 은혜는 상당했다. 영적인 빛이 임하면서 내 마음이 환해지고, 이제껏 경험한 적이 없는 하늘의 평안함이 임했다. 그때 나는 간절히 하나님께 구했다. "하나님 이것을 거두지 말아주세요, 이것만 있으면 이 세상이 살만합니다. 이것이 있으면 돈 없어도 살 수 있겠습니다. 사막에서도 살 수 있겠습니다."

1차 광야 회복의 은혜

십자가를 경험하면 반드시 부활의 은혜를 맛보게 하신다. 이것이 히브리 영성이다. 히브리 영성은 영적이지만 현실적이며 사실적이다. 하나님 말씀을 상상이나 상징이 아닌 우리의 몸이 아는 그대로 맛보게 하신다.

1980년 양심의 빛으로 임하신 성령님은 영생의 씨를 잉태하게 하셨다. 5년 동안 애굽의 열 재앙 가운데서 하나님의 손길을 경험하며 신앙이 자라게 하셨고, 1985년 유월절 어린양의 피와 말씀의 빛으로 성령으로 거듭나게 하셨다. 그 이후 3년간 첫 번째 광야 생활을 통해 말씀과 기도로 나를 자라게 하셨다.

광야의 고난 후에 주신 부활의 첫 번째 은혜는 우리 가정의 회복으로 나타났다. 기울었던 가세가 주님을 영접한 이후 1차 광야 연단을 거친 후 거할 집을 선물로 주셨다.

두 번째 은혜는 나를 종으로서 부르셔서 서울신학대학교 신학대학원 M-Div 졸업하게 하시고, 총회 산하 십자군 전도대로 활동하던 중 개척교회를 할 마음을 주신 것이다. 1992년에 작은 교회를 섬기게 하셨는데 현재 교회인 한사랑교회(구/명성교회)이다.

세 번째 은혜는 1993년 2월 27일 결혼의 선물을 주신 것이다. 이탈리아 페루지아, 피렌체 선교사로 섬기는 친구인 강광선 선교사가 유학생 자매를 소개하였고 8개월간의 사귐을 통해 결혼하였다. 이후 아들 둘, 딸 둘, 네 자녀를 선물로 주셨다.

네 번째 은혜는 형제, 자매들이 주의 사역자로 헌신하게 된 것이다. 둘째 누님은 영산신학원을 졸업하고 여의도 순복음교회 전임 전도사가 되었고, 남동생은 예성신학교를 졸업하고 목사가 되었으며, 여동생은 사모로 교회를 섬겼다.

영적 세계를 열어주심

"한 번 열심히 목양을 해 보거라."

아담을 바라보며 세상 만물의 이름을 한번 지어보라는 하늘 아버지의 눈길을 느꼈다. 열심히 열정을 가지고 목양에 전념하던 때였다. 성서 해석학에 관심이 있어 사도행전으로 2년 정도 강해설교를 하였다. 기도도 열정 있게 하여 금요철야 기도회, 산상 기도회를 자주 하였고 중고등부 수련회를 통해 성령께서 은사를 주시는 체험도 하였다. 지방회 형제 목사들과 목양 나눔을 하였다. 특히 철야에 전념하는 손종원목사님에게 도전받아 철야를 시작하게 되었고 이후 8년여를 이어왔다.

1994년 어느 날, 우리 교회 집사님 옆집에 사는 자매가 제발 자기를 교회에 데려달라고 하는 일이 일어났다. 그리고 그 자매와 관련해서 기도 중에 숨은 악한 영들이 드러나는 사건이 벌어졌다. 숨어있는 악한 영들을 축사하기 위해 3개월간 철야 기도를 했다. 악한 영들이 새벽 5시에 나간다고 해놓고, 그 시간이 되면 거짓말을 했기에 3개월이라는 시간이 걸렸다. 그 과정에서 교회는 여러 가지 많은 영적인 체험을 하였다. 그 자매는 20종류의 악한 영의 지배 가운데 있었다. 19종류의 악한 영은 축사로 나갔다. 주님은 그녀에게 1종류만 남게 하고 자유를 주었다. 이 일 이후 영적 감각이 생기게 되었다. 기도할 때 성령의 임재를 느끼게 되었고, 숨어있는 악한 영들이 드러나는 현상도 나타났다. 교회는 영적인 세계에 눈이 떠졌고, 신자들은 성령에 민감하게 되었다.

므리바 생수를 부으심

1995년 한 해는 개인적으로 성령의 기름이 부어지고 교회 내에도 성령의 기름이 강하게 부어졌던 시기이다. 예배 때 "성령님 임하소서" 하면 성령의 임재로 신자들이 장의자 밑으로 굴러떨어지고, 회개가 터지고, 숨은 영들이 드러나는 역사가 지속해서 나타났다. 나는 "이제 교회가 성장하려나" 하는 기대감이 생겼다. 하지만 나중에 알게 된 것은 이 일이 성령께서 내 자아를 두 번째로 십자가에 못 박음으로 내 안에 숨어있는 우상을 제거하는 과정이었다. 외과 의사가 수술할 때 마취 주사를 먼저 놓은 것과 같은 이치이다. 영적 성장 과정 중 우상을 수술로 빼낼 때 고통이 따른다. 마취가 아픔을 느끼지 못하듯 자아를 죽이시는 기름 부음의 은혜가 부어지면 삶의 고난

중에도 넉넉히 견딜 수 있게 되고, 내 안에 우상을 수술하여
빼낼 수 있다.

맛있는 밥을 지으려면

맛있는 밥을 지으려면 밥솥이 있어야 한다. 내 마음대로 이
리 가고 저리 가고 하면 맛있는 영혼이 될 수 없다.

쌀이 있어야 한다. 이전보다 더 깊이 있게 내 자아를 드러내
려면 진리의 말씀이 있어야 한다.

물이 있어야 한다. 쌀이 밥으로 만들어지려면 물이 스며들어
야 하듯이, 말씀이 자아에 스며들려면 하나님의 은혜가 있어야
한다. 공의의 은혜와 사랑의 은혜가 있어야 한다.

적절한 시간이 있어야 한다. 쌀이 맛있는 밥이 되려면 불 위
에서 정해진 시간을 거쳐야 하듯이, 사람마다 변하여 하나님의
사람이 되려면 십자가를 경험하는 하나님이 정한 시간이 있어
야 한다. 하나님이 그 시간을 조절하신다. 요한 웨슬레가 1735
년 5월 24일에 경험했던 두 번째 십자가 성결의 은총을 경험
하게 하려고 성령께서 나의 삶의 여정을 세팅하셨다.

유격 조교를 준비하심

나의 내면 영성과 목양 영성의 가지를 치는 역할을 할 조교가 필요했다. 목사나 사역자들은 영적인 가르침을 받기가 어렵다. 목사안수를 받은 후에는 남의 말을 듣지 않는 경향이 있다. 나도 그런 기질이 있다. 자존심이 강하고 자아가 강하다. 성령님은 그런 사역자들의 강한 자아를 부숴버린다.

1990년대는 그동안 해왔던 보편적인 목양과는 달리 새로운 목양 파도가 오는 시기였다. '제3의 물결'이라는 책이 나오면서 능력 전도 등이 수면 위로 올라왔다. 당시 미국 암 전문의사인 원종수 권사의 간증 테이프가 상당한 반향을 일으켰다. 나는 주님과의 내면적 친밀함에서 오는 임재 신앙에 관심이 생겼고, 이후 성령의 기름 부으심의 임재 신앙이 사역으로 열렸다.

1996년 5월경, 임재 사역 컨퍼런스가 여기저기 열렸다. 그 계기로 유격 조교 역할을 하는 목사와 5명의 형제 목사들이 연합으로 사역하게 되었다. 하나님께서 연합이라는 밥솥을 준비하신 것이다.

유격 훈련소 입소

이후 15년 동안 유격 훈련소에서 생활했다. 1996년부터 1999년까지는 목사들을 서로 마음이 하나 되게 성령으로 묶는 기간이었다. 2000년부터 2002년까지는 부부가 함께 교회공동체 지체로서 기본을 맞추는 기간이었다. 연합사역으로 교회공동체 지체들은 내면과 사역으로 하나 되었다. 주의 종들은 가지치기, 영성 멘토링을 하였다. 주님은 연합을 통해 숨은 사심을 드러나게 하고, 종들의 마음에 있는 사심을 가지치기하셨다. 그다음에 신자들을 가지치기하여 일꾼을 만드셨다. 그 후 2006년부터 2010년까지 5년의 기간은 숨은 우상을 드러내어 본격적으로 수술하는 기간이었다. 이때가 가장 치열했던 영적 전쟁의 기간이었다.

CHAPTER 02

내 안에 숨은 우상을 드러내심

영성의 황금빛 도넛

1996년 유격 조교 역할의 형제 목사와 경기도 광주 산곡기도원에서 한 주간 금식기도를 하였다.

"나는 너를 은사의 영성으로 인도하지 않았다. 십자가의 영성, 자아 깨어짐의 영성으로 인도하였다."

2024년 5월 27일 오전 7시경 감동으로 주신 말씀이다.

나는 은사를 사모했으나 주님이 허락하지 않으셨다는 것을 알게 되었다. 1996년 금식기도를 할 때 하나의 환상을 열어주셨다. 눈 감아도 보이고 떠도 보이는 황금빛 도넛의 환상이다. 지금까지 나의 영혼을 영적으로 성장할 수 있도록 내 마음을 감찰하시는 영성의 빛으로 성령님의 눈길이시다. 그 이후로 영성의 빛이 모양을 달리 하면서 나를 교육해오셨다. 사역에 성

실히 임했을 때와 영적으로 자신이 있을 때 오히려 조그만 조
각으로 보여주시고, 죄책감으로 죄의식으로 주님 앞에 할 말이
없는 자로 쪼그라들었을 때 도넛이 황금빛 태양으로 가득 채워
졌다. 나는 이런 모습을 보면서 나의 내면을 보시는 주님의 눈
길이 어떠하신가를 알게 되고 지금까지 배워오고 있다.

기름부음으로 겉사람을 강타하심

1998년 예성 청소년 수련회로 양평수련원에서 청소년들
120여 명이 참석하고 함께 연합 사역팀 20명이 참석했다. 처
음 온 초보 청소년들이 많아서 집회가 산만하고 집중이 되지
않았다. 인도하기가 어려운 상황이었다.

형제 목사가 감동으로 성령께서 대적을 깰 것이라고 하였다.
기대하고 다음 날이 되었으나 같은 상황이 계속되자, "박목사,
찬양하고 축도하고 집회 끝냅시다"라고 하였다. 축도하기 위해
서서 "이제는 우리 구주 예수 그리스도의 은혜와 하나님 아버
지의 끝없는 사랑과 성령의..." 라고 하는데 조짐이 이상했다.
위를 볼 수 없었으나 위에서 두렵고도 육중한 무엇인가가 내려
오는 것을 느껴졌다. 나는 "악"소리를 내면서 바닥에 고꾸라졌

다. 한없이 바닥 밑으로 더 내려가고 싶을 정도로 공의와 경외의 임재가 나를 압도하고 나의 입은 귀밑까지 찢어지는 것 같았다.

그 순간 참여한 모든 청소년은 고꾸라지며 초토화되기 시작했다. 연합으로 왔어도 뒷방에서 나오지 않은 목사들도 놀라서 나와 현장을 보았다. 성령님이 강력한 임재로 역사하셨다. 집에 와서 거울을 보니 눈 밑에 피멍이 들어 있었고, 속옷을 벗으니 목과 상체가 안찰 받은 것 같이 피멍이 가득했다. 주님의 임재의 공의의 기름 부으심이 나의 겉사람을 강타한 것이다. 그때 눈에는 보이지 않지만, 전봇대 같은 두 존재가 내 안에서 휙휙 하고 나가는 것을 느꼈다. 형제 목사에게 증상을 말하자 공의의 기름부음이 강력하게 부어지자 이무기 같은 두 영이 튀어 나간 것을 성령께서 알게 하셨다.

2주 후 연합으로 주일 저녁 예배로 모였는데 임재 가운데 먼저와 같은 영적 증상이 느껴졌다.

"큰일 났구나. 오늘 또 난리 나게 생겼네."

그런데 그날은 그 공의의 임재가 내 안에 오른쪽 배의 부분을 남겨두고 지나갔다. 유머가 있으신 성령께서 영성 산수 문제를 주셨다.

"먼저 임재와 오늘 임재의 차이는 무엇이냐?"

성령께서는 나의 내면의 부분에 우상이 있음을 임재로 알려 주신 것이다.

"내가 이 우상을 수술할 것이다."

검은 엔진이 무엇이냐?

하나님이 엮어주신 연합사역을 통해서 개인 영성과 교회 목양 영성을 배워가면서 나의 영성은 빠른 속도로 성장해 나가고 있었다. 나를 영적으로 지도해주는 형제 목사하고도 크게 차이가 나지 않을 정도로 성장하고 있었다. 2004년 어느 날 형제 목사를 통해 영안을 열어주시면서 내 내면을 보게 하셨다.

"어, 박목사 안에 검은 엔진이 있네."

내 안에 나를 움직이는 실체가 있는데 그 실체가 바로 마귀라는 것이다. 내가 성경을 보고 사역을 열심히 해도 결국 내 안에 숨은 우상인 마귀가 나와 나의 목양을 움직이는 실체라는 것을 성령께서 보여주신 것이다.

그렇다. 여러 해 전에 주님의 임재를 사모할 때 희미한 환상을 보았다. 안개 속에서 저 멀리서 째진 큰 눈 하나를 보았다.

분명 주님의 눈은 아니었다. 영화 반지의 제왕에 나오는 사우론의 눈처럼 생겼다. 그 영화가 나오기 전의 일이다. 비로소 그 존재가 내 우상 안에 숨어있는 사단 마귀라는 것을 알게 되었다. 내 안에서 신앙이란 명분 아래 나를 교묘히 속이고 자아 중심의 종교 바벨탑을 세우려 하고 있었다.

검은 엔진이 빙산으로

2004년 경기도 광주기도원에서 2주 동안 금식하였다. 숙제는 예레미야서를 보면서 회개하는 금식기도이다. 이 기도를 통해서 검은 엔진은 얼음덩이 빙산으로 바뀌었다. 그 이후로 내 안이 빙산을 눈물로 회개하며 2005년부터 2009년까지 숨아내게 하는 기간이 있었다.

1992년 용인 태화산기도원에서 청소년 수련회를 인도할 때 내적 치유가 임하는 현장을 처음 접한 후 돌아오는 차 안에서 눈물이 터져 나오기 시작했다. 왜 우는지 모르는데 계속 눈물이 흘렀다. 이제는 안다. 아버지께서 내 안에 빙산 지대로 냉랭한 고아같이 사는 인생을 녹이기 시작한 것이다. 내 자아를 강타하시고 틈난 곳에서 얼음 빙산이 녹는 것이 그 눈물이었다. 그 후로 20여 년 계속해서 나를 녹이셨다. 신실한 아버지 하나님의 사랑이다.

빙산이 머리 위에서 큰 바위로 바뀜

2009년 우상은 드디어 나의 안에서부터 나왔으며 머리 위에 엎어진 큰 바위로 위치로 옮겼다. 그 바위 밑에는 생수가 흐르고 있었지만, 머리 위에 바위가 있으니 기도의 호흡에 장애를 느꼈다. 하나님이 나의 아버지로서의 신관이 막혀있는 상태였다. 새벽에 환상으로 나의 상태를 본 형제목사가 전화하여 긍휼한 목소리로 위로와 권면을 하였다.

"박목사, 그랬었구나. 힘들었겠구나."

머리 위에 있다는 것은 신관이 막혀있음을 의미하며

기도의 호흡이 막혀있음을 의미하며

생수가 흐르는데 돌이 막고 있음을 의미하며

돌이 생수를 다 흡수해버린다는 것을 의미하며

속사람이 하나님을 강렬히 사모한다는 것을 의미한다.

아버지를 그리워하는 탕자의 마음이다.

큰 바위가 구들장으로

우상은 이제 사람의 힘으로 처리할 수 없는 큰 바위 터에서 손으로 뜯어내면 될 수 있는 구들장으로 바뀌었다. 계기는 2010년 3월 22일(월) 성결 체험의 사건과 연결된다. 함께 연합한 종들이 철야를 하며 말씀을 나누었다. 십자가를 경험하는 두 번째 성결의 과정을 나누었다. 이미 예수님께서 우리의 허물과 죄를 담당하시고 이루셨으니 우리는 그 사실을 믿고 "내 안에 있는 무거운 죄와 허물은 내 것이 아닙니다. 이것을 돌려드립니다."라고 하기만 하면 된다.

믿음으로 된다는 원리를 무수히 배웠지만 그때뿐이다. 어느 정노 지나면 영적 상황이 다시 반복된다. 때가 차매 성령께서 꿈에 힌트를 주셨다. 내가 유격 조교 역할의 형제 목사에게 무릎을 꿇고 기도를 받는 모습을 보여주셨다. 그날 저녁 주일 연합예배를 드리고, 철야를 한 후 아침에 연합 목사들과 헤어질 때 그 꿈이 생각이 났다. 나가기 전에 "목사님 저를 위해 기도해 주세요" 하고 문 앞에서 무릎을 꿇었다. 형제 목사는 진지하게 나를 축복하며 기도해 주었다.

잠에서 깨어나 오전 10시경 무릎을 꿇고 기도했다.

"내 머리에 있는 모든 무거운 죄 짐은 내 것이 아닙니다. 주님이 이미 가져가신 것입니다. 주님께 드립니다."

고백하자 즉시 사라졌다. 가슴에 두 손을 얹었다.

"주님, 여기 감정에 있는 무거운 것도 제 것이 아닙니다. 주님께 드립니다."

그러자 역시 사라졌다.

"주님 나의 의지의 있는 허물과 죄도 나의 것이 아닙니다. 주님께 돌려드립니다."

그러자 가장 은혜로 충만했을 때처럼 심령이 자유롭게 되면서 영성의 빛 도넛 환상이 대 보름달 태양처럼 밝게 타오르는 경험을 하였다. 이것이 지속해서 삶 속에서 경험이 되어 형제 목사에게 연합 모임 때 말했더니 "드디어 성결의 은총을 맛을 봤구나" 하면서 기뻐하였다.

이 과정에 대한 해설

이 성결을 경험하는 영성 과정은 요한 웨슬레의 전기에도 잘 나와 있다. 웨슬레는 1725년 22세에 비로소 진실한 크리스천이 된 1차 십자가의 경험을 하였다. 그 후 미국 조지아에 선교 가기 전까지 1729~1735년 동안 홀리클럽을 주셔서 영적인 은혜와 사역을 할 수 있었다. 그리고 새로운 비전을 갖고 미국 조지아로 떠난 1736년 10월 14일부터 1738년 5월까지 약 3년간 두 번째 십자가인 감성의 밤의 과정을 겪었다.

웨슬레는 자신감을 가지고 간 미국 조지아 선교 현장에서 자기 내면의 깊은 죄를 발견하였다. 인디언들 뿐 아니라 선교지 사람들의 내면의 악을 발견하였다. 또한 이성과의 관계를 통해서 자기 안에 있는 음란한 속성을 발견하였다. 이로 인해 사람들에게 망신당하는 일을 겪었다.

미국에 가던 배에서 큰 풍랑을 만났을 때 모라비안 교도들의 확신 있는 태도와 비교되는 영적인 불신과 극도의 두려움을 겪있다. 그런 웨슬레에게 하나님은 유격 조교 역할로 모라비안 형제들과 피터 뵐러를 붙여주셨다. 자아를 깨뜨리는 3년의 환경을 거치면서 결국 1738년 5월 24일 오후 7시에 35세의 나이로 올더스게이트의 십자가 성결을 경험하였다. 그 후 1739년 1월 1일 페터레인에서 사역을 위한 시대의 기름부음을 받고 복음 전도자로 쓰임을 받았다.

웨슬레는 3년의 과정이지만 나는 길게 15년이라는 시간이 걸렸다. 그중에서 우상을 본격적으로 수술하는 2004~2010년까지 6년이 걸렸다. 히브리의 영성은 사실적이고 현실적이다.

웨슬레처럼 하나님을 경험한 날짜와 시간의 흔적이 분명히 있어야 한다. 하나님의 자녀는 누구든지 자신의 영성 이력서를 쓸 수 있어야 한다. 하나님의 손으로 마음으로 인생을 만지시고 다루신 흔적이 있어야 한다.

다루심의 흔적

수술하는 과정을 거치면서 가라지 병에 걸렸다. 욥의 고백과도 같다. 물론 나는 욥의 수준에는 미치지 못한다. 원리가 그렇다는 것이다.

"내가 왜 태어났나? 내가 왜 종이 되었나? 저를 버리지 마세요."

하나님과 나 사이의 살얼음 밟는 영적인 두려움의 상태를 5년간 겪게 하셨다. 목양 사역을 바닥에서 물이 나오는 간판 없는 15평 지하교회에서 11년을 채웠다. 가정에서는 아내와 자녀들과 함께 경제적 파산을 경험하고 법적인 파산 면책을 맛보았다.

이 과정은 사무엘상 5장에 잘 나와 있다. 블레셋이 이스라엘의 법궤를 빼앗아 다곤신당에 두었더니 다음날 법궤 옆에 있던 신상이 고꾸라졌다. 이방의 빛으로 오신 예수님의 영광 앞에 이방인인 나의 자아는 잠복기가 지난 어느 날 고꾸라졌다. 그리고 다시 세워졌다. 다시 세워진 자아는 다음 날 다시 고꾸라지는데 더 처참하다. 모가지는 잘리고 두 손목이 잘린 흉측한 모습이다. 내 생각이 죽고 나의 사역이 잘려서 아무것도 하지 못하는 상태가 되었다.

연합의 해체

2011년 2월, 15년간 해왔던 연합이 해체되었다. 유격 조교 역할의 형제 목사와 함께 10여명의 목사들이 형제애를 가지고 공동체 영성으로 지내 온 추억이 깃든 모임이었다. 사람의 모임에는 빛이 있으면 그림자도 있는 법이다. 때가 차매 사명과 섭리에 따라 독수리 둥지의 어린 독수리들이 둥지를 떠나 날아가는 것과 같다. 당시에는 힘들었고 이해가 되지 않았지만, 지금 와서 보니 하나님의 큰 경륜과 섭리를 느낀다. 각자의 부르심의 사명이 있고 이것을 이루기 위해서 하나님은 인도하신다. 사도행전에서도 사도들과 사역자들이 서로 만나고 헤어지고, 다투고 회복하고 하는 과정을 통해 하나님 나라를 이루어가시는 경륜을 볼 수 있다.

CHAPTER 03

성결의 은총을 부으심

회복하게 하시는 하나님

성령님은 영성 회복 즉 영적 성장의 회복으로 두 번째 십자가와 부활을 경험케 하신다. 애굽에서 가나안까지의 이스라엘 백성의 여정에 잘 나타나 있다. 출애굽기, 민수기를 보면 알 수 있다. 또한 존 번연이 쓴 천로역정에도 삶을 통한 기독인의 영적 성장 과정이 잘 설명되어 있다.

2010년 3월 22일 성결의 경험으로 여호와 닛시의 승리를 경험하였고, 지속적인 성결의 과정 가운데 천로역정의 아볼루온의 화살에 맞아 6~7개월 막바지를 경험하면서 2011년 2월 좁은 문을 지나갔다.

2012년 11월 4일 주일 아침 7시부터 8시 반까지 주님의 방문이 있었다. 이때 민수기에 나오는 가나안 정탐의 과정을 경험하였다. 주님은 형제 사랑을 나타내셨다. 연합의 분리로 인해 입은 마음에 숨은 상처를 치유해주셨다.

15년 동안 연합에 함께했던 유격 조교 역할을 한 형제 목사와의 관계에서 나를 다루셨는데 그 안에 예수님이 함께 하셨음을 알게 하셨다. 영성 지도의 주체가 주님이심을 강력한 임재로 알게 하셨다. 그래서 나와 형제 목사의 관계가 다윗과 요나단처럼 상처는 사라지고 아름답고 신실한 연합으로 함께한 추억만 남게 하셨다.

갈르엣 여갈사하두다의 해설

2023년 가을 즈음, 성령께서 감동 주신 내용이다. 왜 나를 다시 연합으로 부르시는지를 말씀으로 알려주셨다.

"너는 갈르엣, 여갈사하두다를 경험하지 않았느냐?"

창세기 31:43~50

43)라반이 야곱에게 대답하여 이르되 딸들은 내 딸이요 자식은 내 자식이요 양 떼는 내 양 떼요. 네가 보는 것은 다 내 것이라. 내가 오늘 내 딸들과 그들이 낳은 자식들에게 무엇을 하겠느냐? 44)이제 오라 나와 네가 언약을 맺고 그것으로 너와 나 사이에 증거를 삼을 것이니라. 45)이에 야곱이 돌을

가져다가 기둥으로 세우고 46)또 그 형제들에게 돌을 모으라 하니 그들이 돌을 가져다가 무더기를 이루매 무리가 거기 무더기 곁에서 먹고 47)라반은 그것을 여갈사하두다 라고 불렀고 야곱은 그것을 갈르엣이라 불렀으니 48)라반의 말에 오늘 이 무더기가 너와 나 사이에 증거가 된다 하였으므로, 그 이름을 갈르엣이라 불렀으며 49)또 미스바라 하였으니 이는 그의 말에 우리가 서로 떠나 있을 때에 여호와께서 나와 너 사이를 살피시옵소서 함이라. 50)만일 네가 내 딸을 박대하거나 내 딸들 외에 다른 아내들을 맞이하면 우리와 함께 할 사람은 없어도, 보라 하나님이 나와 너 사이에 증인이 되시느니라 함이었더라.

15년 동안 나와 한사랑 공동체는 야곱이 라반의 집에 20년을 머물며 연단을 받았듯이 우리도 함께 같은 시간을 보냈다. 결국 교회가 해체되어야 하는 상태를 성령께서 다 정리하고 회복해주시는 은혜를 경험하였다.

2012년 11월 4일 주일 아침에 주님의 임재로 갈르엣 여갈사하두다의 형제 사랑을 경험케 하신 것이 특별하다. 주님이 나타나셔서 라반을 책망하고 두 사이에 화해를 주시고 돌무더기를 세워 화친의 경계로 삼으신 하나님의 은혜이다. 그 후 15년 동안 나를 다루시는 통로로 사용된 그 형제 목사와 연합에 쓴 마음은 없다. 다윗과 요나단의 우정만 남게 하신 하나님의 신실하심에 감사할 뿐이다. 이것은 나의 경건이나 의로움도 아니고, 인격이나 실력도 아니다. 오직 주님이 방문하셔서 마음을 정리해주시고 은혜를 주셔서 된 일이다.

가나안 신자의 문제도 결국 갈르엣, 여갈사하두다를 경험하지 못한 데서 비롯된 것이다. 오늘날 교회를 나가거나 선교회를 나간 신자들이 200만 명이 된다고 한다. 이들 중 상당수가 담임목사나 사역자들로 인한 상처로 교회를 욕하고, 사역자들을 헐뜯는다. 교회를 새로 옮기더라도 시간이 지나면 똑같은 일이 다시 벌어진다. 해결되지 않은 먼저의 상처로 상처 위에 다른 상처가 덮여 결국은 가나안 신자가 된다.

CHAPTER 04

돌아온 탕자의 회복 과정

회복의 기도를 하게 하심

"주님, 저는 주님의 은혜가 감당이 안 됩니다. 여기 물이 나오고 간판도 없는 15평 지하에서 목회가 끝난다 해도 여한이 없습니다. 이 은혜가 큽니다. 이 은혜로 만족합니다. 하지만 조건이 있습니다. 주님이 저와 우리 교회에 함께 하시기만 하면 됩니다. 그것이면 충분합니다. 더이상 구할 게 없습니다. 주님 영혼을 보내 주시려면 예수님을 정말 사랑하는 사람들만 보내주세요. 돈이 있고 없고는 상관이 없습니다. 그 외 다른 사람들은 큰 교회나 다른 교회로 보내시고 저희는 예수님을 정말 사랑하는 사람들만 보내주세요. 왕에게 진상 올릴 과실들만 보내주세요. 다른 사람들은 저로서는 감당이 안 됩니다. 작아도 괜찮습니다. 그런 사람을 보내주세요. 주님 구원해주신 것만도

감사하고 만족합니다. 저는 더이상 구할 것이 없습니다. 주님 한 분만으로 충분합니다."

그때 이런 기도를 한 것은 내 실력이 아닌 게 분명하다. 내 실력으로는 도저히 그런 문구나 그런 내용의 기도를 할 수 없다. 이것은 보혜사 성령님이 내 입을 통해 기도하신 것이다. 내가 보아도 철이 든 기도이다. 이런 식의 기도를 한 번이 아니다. 기도실에서 마음을 드리고 주님이 임재하시면 감동 가운데 감격하고 울면서 6개월 이상 기도하였다.

돌아온 탕자에게 입 맞추신

차를 타고 가다 빨간불에 설 때면 성령님의 임재로 감격하여 울다가 파란불이 들어오면 제정신으로 돌아와 출발하였다. 점심 칼국수를 맛있게 먹다가도 주님이 임재하면 또 감격해서 운다. 이렇게 성령님이 임재를 가르쳐주시고 아버지의 입맞춤을 계속해 주셨다.

목양은 아버지를 경험해야 한다. 아버지 품에 안기고 입맞춤을 받아야 한다. 잃어버린 아버지 품에 안기는 것이다. 이것을 경험하지 않으면 외로운 목양자가 된다. 고아와 같은 목양자가 된다. 그렇게 목회를 하니까 선지자 노릇을 하고 은사자 노릇을 하게 된다. 사역이 커지면 커질수록 더욱 외롭게 된다. 불쌍한 사역자가 되는 것이다. 너는 이렇게 되지 말라는 성령님의 만지심이다. 아버지의 사랑과 예수님의 품을 맛보는 게 중요하다. 사역을 시작하기 전에 먼저 하나님을 경험해야 한다.

사역에 속지 말라. 많은 일로 인해 염려만 있을 뿐이다. 주님은 우리에게 그렇게 많은 일을 시키지 않으신다. 하나나 둘 정도면 족하다. 열 개가 넘는 사역을 하면서 염려 근심하는 사역자들이 있다. 마르다는 예수님을 위해서 많을 일을 해야 한다고 생각했다. 그러다 보니 불평이 나온다. 마리아가 자신을 돕지 않는다고 예수님께 불평했다. 하지만 예수님은 마르다에게 여러 가지 일로 염려하지 말고, 몇 가지만 하든지 한 가지만이라도 족하다고 하였다. 마리아는 가장 좋은 한 가지를 택했다. 이것은 빼앗기지 않는다. 사역이 끝나면 다 내려놓아야 한다. 원로가 되면 설교권도 내려놓아야 하고, 교회 치리권도 내려놓아야 한다. 사역 때 주어졌던 은사들도 내려놓을 수밖에 없다. 사역으로 인한 화려한 경험들도 다 과거의 추억이 되어

버린다. 환호하던 신자들은 새로 온 후임자에게 마음이 가버린다. 아쉽고 서럽지만 어쩔 수 없다. 결국 사역의 모든 열매를 빼앗길 것이다. 내 것이 아니기 때문이다. 주님이 주신 사명이고 사역이다.

하지만 예수님을 사랑하는 마음과 예수님께 받은 사랑은 빼앗기지 않는다. 십자가의 흔적은 절대로 빼앗기지 않는다. 방언도 폐하고, 예언도 폐하고, 모든 은사가 폐하여질 것이다. 은사는 전쟁 시대에 필요한 무기이다. 평화의 시기에는 무기고에 반납해야 한다. 그날이 오면 오든 은사들이 폐하여지고 영원히 남는 것은 믿음, 소망, 사랑뿐이다. 예수님에 대한 믿음, 예수님을 향한 소망, 예수님에 대한 사랑만이 남는다.

믿음, 소망, 사랑 세 가지는 항상 있을 것인데 그중에 제일은 사랑이다. 주의 종은 아버지의 사랑인 예수님의 살과 피를 먹고 마셔야 한다. 우리는 하나님이 경제 문제부터 회복해주시면 좋겠다고 생각한다. 하지만 하나님 아버지는 그렇게 하지 않으신다. 사탄, 마귀는 그렇게 한다. 돌이 떡이 되게 해 줄게 우리 영혼을 달라고 한다. 명예를 주고, 이쁜 여자를 줄게 자기에게 오라고 한다.

하늘 아버지는 우리를 안아주신다. 입을 맞추어주신다.

"그동안 외로웠지, 두려웠지, 이제는 두려워 말아라."

거친 풍랑의 파도 위를 걸어오신 예수님이 두려워하는 제자들에게 말씀하신다.

"내니 두려워하지 말아라."

아버지이신 예수님은 우리의 인생의 모든 두려움을 십자가에서 잠재우셨다. 다 죽이셨다. 부활하심으로 평강의 바다를 이루셨다. 우리는 "내니 두려워 말라"고 하신 말씀을 감사함으로 받아 누리면 된다. 이 두려움과 외로움이 먼저 제거되지 않고는 아무리 사역을 화려하게 하더라도 사역자 노릇만 할 뿐이다. 아버지의 사랑이신 예수님을 잃어버리고 반짝하다가 외롭게 끝나고 마는 인생이 된다. 스스로 이용당하고 버림받을 수 있는 것이다. 그래서 돌아온 탕자를 아버지는 지속해서 안아주시고 입을 맞추어주신다. 임재의 사랑을 베풀어 주신다. 이전에는 잠깐이었지만 이제는 상당한 정도의 임재의 사랑이 지속해서 머무른다. 청년의 생수의 은총이 임한다.

개인적으로 입 맞춰주신 것뿐 아니라 교회공동체 예배에 임재로 입맞춤을 해주셨다. 주일예배 가운데 이전과는 다른 임재의 복을 넘치게 부어주셨다. 예배 가운데 임재로 회중들의 모습이 보이지 않았다. 누가 왔는지 모를 정도로 예배가 끝날 때까지 모든 순서에 주의 임재가 물 흐르듯 감격과 감동이 있었다. 여태껏 경험하지 못한 달콤하고 충만한 임재의 예배를 선물로 주셨고 3개월 이상 지속되었다.

생수를 지속해서 부으시는 꿈

영적인 꿈을 꾸었다. 어렸을 때 우리 집 우물에 내가 돌 틈을 잡고 바닥까지 내려간다. 내려가자 장면이 바뀌며 20여 평 공간이 나오는 데 누 계단으로 이루어진 공간이다. 그 안에 맑은 생수로 가득 차 있다. 그 안에 어미 가재 1마리와 새끼 가재 3마리가 기어 다닌다. 그 순간 알았다. 이 물은 가재가 사는 1급수이구나. 여기에 파이프를 연결하면 우리 교회가 다 마시고 씻을 수 있는 충분한 물이 되겠구나. 두 계단은 무릎까지의 깊이가 있는 생수 터를 말한다.

(꿈 해석) 성령께서 한사랑교회에 주시는 생수의 깊이와 양을 뜻한다. 발목과 무릎까지의 생수의 깊이와 양을 공급하신다. 청년의 영성으로 들어서자 생수의 은혜가 말씀과 기도 모든 목

양 영역에서 생수의 기름부음으로 지속해서 나타나는 것을 보여주셨다. 실제로 그 생수의 은혜로 지금까지 먹고 마시고 씻고 있다. 아버지의 입맞춤 즉 예수님의 품을 경험케 하시는데, 이것은 지금까지와 앞으로도 계속될 은혜이며 선물이다.

옷을 입혀주심

주님은 이전에 내가 입었던 옷 - 빌려 입은 옷, 갈아입지 못해 때가 찌든 옷, 오랫동안 입어 해어진 옷 - 을 벗게 하시고 보혈의 생수로 목욕을 하게 하시고 새로운 명품 옷 - 가볍고 보온성과 땀 흡수성이 좋은 최고의 천연 웰빙 소재로 만든 옷 - 을 입혀주셨다. 새로운 사명을 주신 것이다. 그동안의 사명은 연습용이다. 아마추어는 여러 가지를 한다. 자신의 특기와 사명을 잘 모르고 하고 싶은 것을 닥치는 대로 한다. 하지만 이 과정에 들어서면 전문적인 명품 사명을 주신다. 앞으로 20~30년간 사역할 청년의 사명을 주셨다. 그리고 은사를 주셨다. 목검이 아니라 진검이다. 작은 교회의 부흥, 회복이라는 사명을 주셨다.

가락지를 끼워주심

가락지는 인장 반지이다. 창세기를 보면 애굽 왕 바로가 자기의 인장 반지를 빼어 요셉의 손에 끼워준다(창41:42). 오늘날로 말하면 법인카드이다. 아버지가 믿고 결재 권한을 주는 것이다. 재정의 회복을 주신다.

말로만 사랑하는 것이 사랑이 아니다. 야고보서의 말씀처럼 하나님 아버지의 사랑은 삶의 현장에 실제로 나타난다. 현실의 선물들을 주신다. 하나님의 살아계심을 제일 잘 느끼는 통로가 물질과 돈이 아니겠는가? 사명의 옷을 주시면서 사명을 넉넉히 감당할 수 있도록 물질을 부어주신다. 내기 구해서 주시기보다 먼저 아버지께서 물질을 부어주시고, 빚을 해결해 주시고, 땅과 건물도 주시고, 지경을 넓히시는 하나님을 경험케 하신다.

우리는 사탄에게 너무 많이 속고 산다. 예수님은 십자가와 부활로 죄로 인해 사탄에게 빼앗긴 모든 영역을 다 찾아오셨다. 예수님이 마귀에게 시험받을 때는 십자가 사건 전이다. 사탄은 예수님에게 "내게 절하면 온 천하를 주겠다"고 하였다. 원래는 모든 것이 하나님의 것이었다. 하지만 하나님의 형상대로 지음을 받은 아담과 하와가 범죄함으로 인해 그 영역이 사탄에게 넘어갔다. 죄를 지으면 사탄의 종이 된다. 하지만 예수님은 모든 인류의 죄의 잔을 받아 마심으로 인류가 빼앗긴 지구와 우주의 영역을 모두 회복하였다. 법적으로 성부 하나님께 드리는 공의를 완성하심으로 죄로 인해 빼앗긴 모든 영역을 되찾아오신 것이다. 예수님을 믿는 우리는 더이상 마귀에게 속지 말아야 한다. 믿음으로 그 영역을 회복하고 누려야 한다.

그동안 땅이나 경제가 다 맘몬의 경제법칙으로 운영되어왔다. 그 안에서 우리는 빚진 자로 지내며, 많은 노동을 하며 애굽에 있는 이스라엘 백성들처럼 기구하게 살아왔다. 이것은 하나님 자녀의 삶이 아니다. 반드시 회복하여야 한다. 이 땅은 하나님 아버지의 것이며 또한 하나님의 자녀이며 백성인 우리의 것이다. 우리는 이 사실을 선포하고, 하나님이 실제로 그것을 회복하여 주실 것을 믿고 기대하며 살아야 한다.

이 정도 그릇이 되려면 아버지이신 예수님의 품 안에 안겨서 입맞춤을 지속해야 한다. 이것이 되지 않으면 방황이 계속되며 여전히 마귀에게 속는 삶을 살아가게 된다. 탕자처럼 방황하며 쥐엄열매조차 먹지 못하는 비참한 삶을 살아가게 된다.

영적 회복의 순서를 매겨보자.

아버지의 사랑이 회복되는 게 먼저이다. 그다음에 내게 딱 맞는 좋은 옷인 사명이 자리매김이 된다. 그다음에 사명을 이루도록 재정을 부어주신다. 믿고 결재할 법인카드를 아들에게 주신다. 이제 좀 믿을 만하다고 보는 것이다. 이전에는 안에 있는 우상이 주는 욕심과 탐심에 따라 살았지만 이제는 주님이 주시는 은혜로 살아간다.

많은 사역자가 하나님의 일을 한다고 하면서 실제로는 하나님을 이용해서 자기의 탐심을 이루려 한다. 자기도 모르는 철없는 짓을 하는 것이다. 하나님은 그런 사역자의 재정을 채워주지 않으신다. 그러다 보니 빛 된 가정이 아니라 빚 된 가정이 되고, 빛 된 교회가 아니라 빚 된 교회가 된다. 가정에서 자라고 집을 주시고 침대도 주셨지만, 교회 강단을 집 삼아, 침대 삼아 기도하다 잠을 잔다. 거룩한 것 같지만 그렇지 않다. 예수님을 사랑해서라기보다 빚의 무게로 강단에서 기도할 수밖에 없는 것이다. 내 안에 있는 탐심의 우상을 먼저 수술하지 않으면 속고 사는 인생이요, 목양일 수밖에 없다.

나 역시 44년간의 신앙 여정 중에 30여 년을 바알의 경제 법칙에 지배받아 살아왔다. 목회도 마찬가지이다. 바알의 경제

법칙에 영향을 받는 목양을 해왔다. 그러다 보니 빚의 문제를 해결할 수 없었고 가정이나 교회가 빚더미에서 헤어날 수 없었다. 기도 많이 하면 될 줄 알고 10년 이상 철야를 했지만 되지 않았다.

하나님은 내게 바알, 맘몬이 뽑히지 않으면 계속 그렇게 살 수밖에 없다는 것을 깨닫게 하셨다. 성령께서 재정을 부어주셔서 교회를 주시고, 교육관을 주시고, 재정을 풀어주셨다. 하지만 매달 적자가 지속되었다. 할 수 없이 건축재정에 있는 것을 곶감 빼먹듯 빼먹었다. 2년 정도 지나니 바닥이 드러나기 시작하였다. 조금 있으면 또 재정이 마이너스가 되지만 "믿음으로 가면 또 한 방 주시겠지"를 되뇌곤 했다. 하지만 성령님은 한 방이 없으셨다. 침묵하셨다.

그러다 이 시대 재정사역자로 쓰임 받는 김미진 강사의 온라인 재정강의 8편을 신자들과 같이 부흥회로 1차, 2차로 하였다. 바알 중심의 재정권을 내려놓고 믿음으로 사는 하나님 중심의 성경 중심의 재정으로 전환하기로 결단하고 실천하였다. 그 후 3개월이 지나면서 구멍이 났던 재정을 막게 되었다. 드디어 교회가 하나님 중심의 재정원칙으로 돌아서게 된 것이다. 하나님은 교회 빚을 먼저 해결해 주셨고, 신자들의 가정도 빚이 사라지는 역사가 일어나기 시작하였다.

발에 신을 신겨주심

하나님은 내게 빌려 신은 신발이 아닌 새 신발을 주셨다. 탕자 시절의 신발은 내 신발이 아니다. 내게 맞는 신발이 없다. 어떤 세미나 가서 신어보지만 내게 맞지 않는다. 계속 바꾸어보지만 맞는 신발이 아니다. 아버지에게로 돌아오면 아버지께서 나를 너무 잘 아시기에 내게 잘 맞는 가볍고 튼튼한 맞춤 명품신발을 신겨주신다. 나와 우리 한사랑 공동체에 잘 맞는 명품전도 양식을 주셨다. 사실 이 양식은 새로운 것도 아니고, 갑자기 주신 것은 아니다. 연단 받는 시간 가운데 계속 힌트를 주시면서 오신 것이다.

송아지를 잡아 축제를 열어주심

말씀대로 일하시는 사건들이 나타나면서 신자들에게 사도행전 2장의 삶의 스타일이 나타나기 시작했다. 하나님의 행하심을 간증하며 나누는 축제의 현장이 공동체에 나타나게 된 것이다. 그때부터 2024년 지금까지 나의 44년의 신앙 여정은 강력한 빛과 음성으로 예수님이 방문하셨다. 다메섹 도상에서 바울에게 나타난 정도는 아니지만, 성경의 원리대로 나의 양심에 빛의 음성으로 나타내시어 믿음으로 반응하게 하셨다. 5년간의 잉태의 시간을 두고 말씀의 빛으로 임하셔서 평강의 기름을 부으시고, 거듭남의 은총을 주시고, 광야 1차 연단을 통해 가정과 사역지인 교회를 주셨다.

다시, 시대의 사명을 주기 위해 영성의 빛을 주신 후 광야 2차 연단의 15년간 다루시며 그 과정을 통과하게 하셨다. 성결의 은총을 나와 교회에 주셨다. 그리고 지혜로운 다섯 처녀의 영성으로 하나님 나라와 시대를 섬기라고 지금까지 인도하고 계신다. 송아지를 잡아 축제를 열게 하신 것이다.

나와 우리 교회를 이렇게 인도하시는, 아름다우시고, 선하시고, 신실하신 여호와 예수님을 영원토록 찬양합니다.

CHAPTER 05

작은 교회 회복의 동력

복음 셀(Cell)과 십자가 능력 전도

성결의 과정을 지나자 성령께서는 목양을 가르쳐 주기 시작하셨다. 매년 두세 가지 목양의 선물을 주시면서 "목양은 이렇게 하는거야" 하시면서 인도하고 계신다.

2003년 지하 15평의 간판 없는 교회에서 부흥 셀의 바람을 3개월 동안 경험하였다. K집사가 교회를 나갔다 다시 들어오면서 놀라운 역사가 일어났다. 능력 전도로 5~10명 정도의 새신자가 교회에 나오게 되었다. 전도의 불이 일어났다. K집사가 호프집에서 능력 전도를 하자, "언니 나 좀 교회에 데려가요"라고 했다. 하지만 "우리 교회는 아무나 오는 교회 아니야, 다른 교회로 가, 준비하고 와야 돼"라고 하였다. 하지만 그녀는 나중에 미행해서 예배에 참석했다. 한 달 어간 십여 명이 연이

어서 전도되었다.

오는 자마다 예배 때 초자연적 은혜를 경험하였다. 주의 임재가 있는 곳에는 아무나 데려오면 안 되는 이유이다.

능력 전도로 3개월간 교회에 나온 심령 가운데 은혜를 받기는 받았지만 남은 영혼은 많지 않았다. 십자가의 은혜 가운데 선 자만이 남았다. 이제 교회가 부흥 성장하는가 했더니 8년간 세상 말로 개 박살 나는 시간이었다.

"되게 하시지 왜 그러셨을까?"

깊은 침몰의 시간을 경험하면서 이때 주님은 내게는 유월절 어린양 보혈의 은혜를 경험하는 것과 성령세례의 중요성과 청년의 영성인 성결의 그릇으로 만드는 과정이 중요함을 알게 하셨다. 또한 그 고난의 기간은 한사랑교회 공동체가 앞으로 올 능력부흥 셀을 담을 수 있는 그릇을 만드는 시간이었다.

회복의 순서

이 시대의 레위 지파로서 제사장 역할을 하는 자가 교회의 담임목사이다. 그동안의 회복 과정을 관찰해보니 주님은 먼저 큰아들인 레위 지파를 회복시키신다. 큰아들인 담임목사의 영성을 회복하게 한 다음 주의 종의 가정과 삶을 회복시킨다. 머리를 자르고 두 손목을 자르는 연단의 시기에 경제적 파산까지 경험하며 경제적으로 피폐한 시간을 보냈다. 사택 문제로 힘들었는데 주님은 먼저 종의 가정의 사택 문제를 해결해 주셨다. 그다음에 교회를 선물로 주셨다. 방주가 떠돌다 드디어 아라랏산에 걸리는 정착의 은혜를 주신 것이다.

이 통로가 된 분이 한의순전도사이다. 권사로서 초창기 연합에 있었던 분인데 그 후 동평화시장에서 사업을 하면서 선교를 위해 열정으로 섬겼다. 회복의 시기에 우리 교회에 보내주셨고 성령의 감동으로 "너는 교회를 지을 것이다"라는 음성에 순종하였다. 말기 폐암으로 3년간 유대인과 이방인이 연합한 한 새사람처럼 한사랑공동체와 함께 하다가 한사랑교회 예배당을 봉헌하고 주님 품으로 갔다.

한 새사람 교회론

한사랑교회의 예배당 선물의 성경적 의미는 십자가와 부활의 영성이다. 야곱은 갈르엣을 경험한 후 형 에서와의 근본적인 문제로 고민하다 결국 얍복나루에 홀로 남아 기도를 시작하였

다. 이때 주님이 나타나 야곱과 씨름을 하고 브니엘을 경험케
하셨다. 하나님과의 회복을 경험한 야곱은 에서와 화목하게 되
고 형제 사랑을 경험하였다. 십자가의 경험이다.

에베소 2:14~16

14)그는 우리의 화평이신지라 둘로 하나를 만드사 중간에 막
힌 담을 허시고 원수 된 것 곧 중간에 막힌 담을 자기 육체
로 허시고 15)법조문으로 된 계명의 율법을 폐하셨으니 이는
이 둘로 자기 안에서 한 새 사람을 지어 화평하게 하시고
16)또 십자가로 이 둘을 한 몸으로 하나님과 화목하게 하려
하심이라 원수 된 것을 십자가로 소멸하시고

이 시기에 성령께서는 한사랑교회의 교회론이 회복되는 은혜
를 열어주셨다. 그동안 이스라엘이 교회라는 대체 신학으로 목
양을 하고, 설교를 해왔는데 에베소서의 한 새사람 즉 '원뉴맨'
교회론을 열어주셨다. 반쪽자리 교회론에서 한 새사람의 교회
론으로 회복하니 떠돌아다니지 않게, 방주가 아라랏산에 걸리
듯 교회 예배 처소를 선물로 주신 것이다. 이것은 우리만이 아
니다. 주변에 이것을 경험한 교회들이 많이 있다. 종들마다 일
치하는 경험적 고백이다.

예배 처소로 섬긴 한의순전도사가 헌신하게 된 배경은 이렇

다. 하나님이 동평화시장에서의 사업을 축복하셔서 사업장이 3칸으로 늘어났다. 온누리교회에서 열린 이스라엘 중보기도회에 참석했을 때 강사인 아셀 인트레이터 목사가 "지금, 이스라엘을 위해 중보기도 할 사람 일어나세요"라고 했다. 한전도사가 일어나지 않자 성령께서 "일어나거라"는 말씀을 반복해서 들려주시고, 그 후 이스라엘을 위해 중보기도를 할 때마다 애간장이 끊어지는 아픔을 느끼며 기도했다고 하였다. 너무 힘들어 주님께 "저 사업 끝내고 이스라엘을 위해 중보기도 할께요" 하고 유보한 가운데 그 와중에 한사랑교회에 와서 함께 하게 된 것이다. 그즈음 나와 우리 교회 성도들은 이스라엘을 열어달라는 중보기도를 하였는데, 이때 한의순전도사도 15년 전을 기억하며 다시 이스라엘을 위한 중보기도를 시작하며 한사랑교회에 헌신하게 된 것이다.

다시 연합으로

김향자전도사가 의미 있는 영적 꿈을 꾸었다. 녹천에 있는 감나무에서 공윤미권사와 함께 감을 따가지고 내려오다가 박규태목사와 동행한 강종춘목사와 마주쳤다. 강목사님이 김전도사에게 "어디 가세요?" 물으니 "시장에 갑니다." "나도 같이 갑시다." 그래서 함께 과일과 야채를 파는 가게에 갔다. 강목사님이 가게 주인에게 "요즘 싱싱한 채소가 없어." 그러자 박규태목사가 "그래요, 싱싱한 과일이 없어요."라고 했다. 그때 천사 형상의 젊은 청년이 주인 뒤에서 말하기를 "아닙니다. 있습니다. 따로 보관해 놓은 게 있습니다. 원하시면 배달해 드리죠"라고 했다. 강종춘목사가 "알았다" 하면서 나가자, 천사가 "저분을 압니다. 전에도 저분을 방문한 적이 있습니다"라고 하였다.

당시 강종춘목사는 담임하던 양문교회가 도시 안에 기도원 역할을 하기 원했다. 예전에는 천사의 방문으로 은혜가 부어졌는데 점점 기도의 은혜가 시들해지는 세태를 보면서 싱싱한 채소 즉 기도회의 은혜가 다시 임했으면 하는 바람을 나타내는 것이라는 해석이 되었다.

일전에 내가 "저는 많은 사과를 원하지 않습니다. 왕에게 진상을 드릴 최고로 좋은 사과를 원합니다. 다른 사과들은 다른 교회에 주시고 우리 교회는 예수님을 정말 사랑하는 영혼만 보내주세요"라고 기도해왔던 것에 대한 응답이기도 하다. 김향자 전도사의 꿈에 "있습니다. 따로 보관해 놓은 것이 있습니다. 원하시면 보내드리죠."라는 말씀이 실제로 삶에 나타나게 되었다.

강종춘목사와 연합으로 매달 한 번 오후 예배를 연합집회로 하게 된 것이다. 여러 교회 목사님들이 함께하는 연합집회와 은혜가 넘치는 기도회로 2년 넘게 지속되었다. 이때 우리 교회는 꿈대로 부흥 셀을 경험케 하셔서 영혼들을 배달해 주시는 경험을 하기도 했다.

르호봇 부흥샘터 기도회

2012년 연합집회에서 손종원목사가 강사로 말씀을 전하였다. 날마다 철야를 한다는 손목사님의 말씀에 한의순전도사가 감동이 되어 그 주 저녁에 기도하러 나왔다. 그런데 아무도 기도하러 오지 않자 "왜 안 나오지"라는 말이 계기가 되어 매일 8시 저녁기도회가 시작되었다. 코로나가 오기 전까지 6~7년간 지속되었다. 코로나가 왔을 때 성령께서 깨달음을 주셨다. 재앙의 환경이 오기 전에 교회에 기도의 동력을 주신 것이다. 매일 저녁기도회는 교회의 말씀 영성과 기도 영성을 다지는 시간이 되었다. 코로나가 왔을 때도 모든 예배를 쉬지 않고 드렸다. 한 번을 제외하고는 현장 예배를 드렸다. 이때 주님은 예배 영성이 회복되는 은혜를 부어주셨다.

저녁기도회에서 요한복음 2장의 말씀을 주셨다. 물이 포도주로 변화되는 회복의 역사는 돌 항아리 6개에 가득 채우는 과정이 있었다. 한사랑교회의 회복을 위해 6개의 항아리를 채우라는 숙제를 주신 것이다. 항아리 하나에 1년씩 6개를 채우는 시간이 있어야 한다는 성령의 감동을 주셨다.

르호봇 부흥샘터라고 이름 붙인 이유는 이러하다. 우리의 신앙 여정 가운데 이삭이 우물을 파는 여정처럼 에섹(다툼), 싯나(대적)의 과정을 지나 르호봇에 이르러 더이상 대적이 없는 새로운 지경과 영역으로 복을 주셨다는 의미를 담고 있다.

작은 교회와 누룩의 비유

겨자씨 원리

20년 남짓 연단을 거친 후 회복의 시기에 성령께서 기름 부음으로 깨우쳐주신 시대의 섭리가 마태복음 13장의 겨자씨 비유와 누룩의 비유이다. 겨자씨 비유는 교회의 외석 성상을 나타내고, 누룩 비유는 교회의 내적 성숙을 나타낸다. 둘 다 외적으로는 보이지 않는다. 종들은 이 둘을 한 번에 이수할 수 없다. 성령께서 하나를 전공필수로 먼저 다룬 다음 다른 하나를 전공필수로 다루신다. 하나의 전공필수 과정이 10~20년 이상 걸린다.

겨자씨 비유를 목회에 적용하여 성공적인 목회를 한 목사들이 있다. 조용기목사, 옥한흠목사, 하용조목사, 이동원목사, 김삼환목사, 김진홍목사, 최일도목사 등이다. 목회 탐방 때 김삼환목사에게 신학생들이 물었다.

"어떻게 교회가 성장했습니까? "

"글쎄 잘 모르겠네요,"

"무엇 때문에 성장했다고 보십니까?"

"글쎄 잘 모르겠네요"

"은사가 있어서 그런가요?"

"글쎄요 잘 모르겠네요. 제가 한 것은 없고 성령께서 다 해 주셨어요"

재벌들에게 "어떻게 이렇게 큰돈을 버셨나요?"라고 물으면 "글쎄요 모르겠네요. 어디서 돈이 들어오는지를 그냥 들어와요. 어느 시점이 되니 굴러 들어와요. 주체를 못 해요"라고 말하는 것과 같다.

반면에 준겨자씨 목회가 있다. 교단별로 어느 정도 성장한 중형교회들이다. 전체 교회 수의 1~5%에 해당한다. 이들은 위의 0.1%에 해당하는 대형교회가 되고 싶어서 자기의 모든 열정과 목양에 힘을 쏟는다. 제자훈련, 은사 사역, 치유 사역 등으로 일꾼들을 독려한다. 교회 부흥을 위한 열정으로 인해 수백 명 또는 수천 명의 교회로 성장한다. 하지만 여전히 만족하지 못하고 대형교회의 비전에 목말라 있다. 이들 중에는 세미

나를 열어 목회 비결을 전수하는 목사들도 있다. "어떻게 성장했나요?"라고 물으면 "이것을 저것 열심히 하면 됩니다. 열심히 해야 합니다. 목양에 미쳐야 합니다"라고 말한다.

부흥신학으로 본 겨자씨와 누룩의 비유

마음으로는 겨자씨가 되고 싶고, 준겨자씨의 성장이라도 이루고 싶어 5년 10년 발버둥을 치지만 환경과 상황은 오히려 반대로 향하는 목회자들이 있다. 목양의 부르심은 분명한데 성령님이 밀어주지 않으신다. 순간순간 주님께 섭섭한 마음이 들기도 한다. 15년, 20년을 가도 길이 보이지 않는다. 전에는 어느 정도 해 주셨는데 이제는 더 깊은 영적 침체의 늪에서 벗어날 수가 없다. 한국교회의 80~90%가 이런 교회들이다. 하지만 낙심하지 말라. 누룩의 사명으로 부르심을 받아 그런 것이다.

1903년 웨일즈 부흥은 스칸디나비아를 거쳐서 인도의 카시아 지방, 한국, 중국, 일본, 호주, 캐나다, 미국 등 전 세계로 퍼졌다. 여기에는 하나님의 섭리가 있다. 그러나 부흥을 맞은 교회들 가운데 겨자씨의 외적 부흥을 경험한 나라는 많지 않다. 그중에 한국은 1970~80년대에 겨자씨의 외적 성장의 부흥을 경험하였다. 반면에 일본은 우리보다 복음이 들어온 역사가 길지만 나라 전체가 교회 성장을 경험한 적이 없다. 가톨릭의 역사까지 보더라도 잠시 들썩거리다가 핍박이 있자 침체로 들어갔다. 일본에 대한 하나님의 섭리는 누룩 비유의 사명으로 쓰려는 것이다.

주님은 왜 한국을 겨자씨의 비유로 역사하셨을까?

마지막 시대에 한국을 쓰시기 위함이다. 세계교회에 한국교회의 이미지메이킹을 하는 성령님의 손길을 느낀다. 세계가 알고 있는 한국교회의 이미지는 기도하는 교회, 주여 삼창하는 뜨거운 교회, 새벽기도, 철야기도가 있는 교회, 교파별 세계적인 대형교회가 밀집하여 있는 교회, 인구 비율로 선교사를 미국 다음으로 많이 보내는 교회이다.

오늘날 여러 나라의 중보기도 사역자들이 이구동성으로 하는 말이 있다. 마지막 때 한국교회의 역할이 매우 중요하다는 것과 성령님이 사용하기를 원하는 교회가 한국교회라는 것이다. 마지막 때 한국교회는 동북아, 동남아와 연합을 이루어 촉매의 역할을 감당하는 교회로, 시대를 깨우고, 수많은 중국교회 일꾼들을 깨우는 교회로, 하나가 되어 통일을 경험하여 이스라엘과 열방 회복을 위한 도구로 쓰임을 받는 교회가 될 것이다.

주님은 한국교회를 다시 오실 예수님을 맞이하는 청년의 교회로 쓰신다.

8년째 중국 가정교회 신학교에서 강의하면서 느낀 것이 있다. 중국교회 형제들이 한국교회의 종들의 가르침과 나눔을 무척 사모한다는 것이다. 여기서 나는 한국교회의 사명을 깨달았다. 잠재된 엄청난 선교 자원인 중국교회를 깨워서 중국이 이슬람 선교와 백투예루살렘 사명을 감당하도록 해야 한다.

겨자씨와 누룩 그리고 한국교회

겨자씨의 사명을 맛본 한국교회는 2010년을 기점으로 겨자씨와 누룩의 사명이 교차로 진행되고 있다. 겨자씨의 사명을 경험한 교회들은 20~30년 사역의 열매로 긍정적 장점이 많았다. 하지만 삶을 결산하고, 사역을 결산하는 성령님의 때가 왔다. 2010년을 기점으로 겨자씨의 사명에서 누룩으로 들어가는 종들이 많아졌다.

반면 20년 동안 겨자씨 성장을 원했지만 반대로 연단의 시간을 겪은 종들을 성령님이 고개를 들게 하시고 회복의 손길을 경험케 하셨다. 이 시대에 맡은 사역을 감당하도록 쓰시기 시작한 것이다. 이전 시대에서 이들은 혼자서 했지만, 지금 세대에는 연합으로 하나 된 청년 연합의 영성으로 사역하게 될 것이다.

김장할 때, 겨울철 기간에 미리 먹을 김치와 다음 해 여름에 먹을 김치를 구별한다. 다음 해 먹을 김치는 소금을 더 많이 뿌리고, 심지어 짱돌까지 올려놓고 뚜껑을 덮어 땅속에 깊이 파묻어 버린다. 김치 입장에서 억울하다.

"재는 왜 저렇게 먼저 맛있게 쓰이는데 나는 뭐냐?"

불만을 한다. 하지만 주인의 입장으로 보면 미리 말하기도 그렇고, 설령 말한다 해도 이해하지 못할 것이니 답답하다.

"이놈아, 잔말 말고 처박혀서 익기만 해라."

겨울 김장김치는 대형교회, 중형교회 패러다임으로 지내왔던 교회들이다. 환난의 때에 쓰시려고 준비된 익은 여름용 김장김치는 2010년 이후로 뚜껑을 여시고 눌러놓은 짱돌을 꺼내고 한 포기씩 꺼내 필요한 자들에게 주신다. 환난 당한 모든 자, 빚진 모든 자, 원통한 모든 자에게 주려는 것이다.

0.1의 초대형 메가처치(만명이 넘는 교회)와 1~3%의 대형 및 중형교회(천명~만명)를 세우신 것도 하나님의 손길이요 섭리이다. 이 시대를 향한 하나님의 포석이다. 나머지 80~90%의

교회들이 누룩 비유의 적용을 받는 교회들인데 이 역시 시대를 향한 하나님의 섭리이다.

대형교회의 패러다임으로 적용되는 교회 성장의 시대에 누룩으로 다루어지면서 받은 내면의 고통이 있다. 하지만 이런 시간이 지나면서 자아가 무너지기 시작한다. 이 또한 성령님의 손길이다. 이것을 겪은 종들을 앞으로 20~30년을 쓰실 것이다. 내면에 숨은 우상을 처리한 종들, 내면에 숨은 바알과 아스다롯의 우상을 수술한 종들을 사용하실 것이다.

지금은 마지막에 마지막을 앞둔 시대이다. 이 시대에 청년의 영성으로 준비되지 않고 환난의 시대가 오면 예수님을 배반하게 된다. 어린아이, 소년, 청소년의 영성을 가진 교회는 감당할 수가 없다. 그래서 시대를 감당할 청년 영성의 통로가 열리게 하려고 많은 종을 지하에 묻어두고 성숙하기를 기다리신 것이다.

소유가 많으면 연단과 훈련을 잘 받을 수 없다. 예수님이 마르다에게 "네가 많은 일로 염려하는구나"라고 말씀하신 것처럼 소유가 많고 섬길 신자들이 많으면 예수님의 얼굴을 바라보는 것보다 일 중심으로 나갈 수밖에 없다. 지쳐서 번 아웃 된다. 성령님은 많은 종과 교회가 소유를 제한하고 예수님만 바라보도록 오랜 시간을 두고 보신다. 20년쯤 묵혀서 맛이 생기기 시작한 종들과 교회들이 나타날 것이다.

2010년 이후부터 여기저기 회복하는 교회들이 나타나기 시작하였다. 철이 든 교회들이 연합해서 건실한 하나님의 나라를 이루어가기 시작한다. 한사랑교회도 2011년부터 성령님이 철든 교회로 만지시고 일하시는 것을 경험하고 있다. 이런 종들과 교회들과 연합하여 하나님 나라를 위해 섬기는 중이다.

누룩의 작은 교회 회복은 시대적 사명

준비된 작은 교회들을 회복하라는 시대적 사명을 주셨다. 너 혼자 먹으라고 주는 것이 아니다. 함께 나누라고 주는 것이다. 열왕기하 7장에는 전쟁으로 인해 굶주림에 지친 나병환자 네 사람이 나온다. 그들은 이래죽든 저래죽든 마찬가지라고 하면서 아람 군대에 항복하러 간다. 그런데 아람 진영에는 군대가 하나도 없고 먹을 것과 재물만 남아 있었다. 그들은 이 소식을 왕궁에 알렸다.

너희는 나병환자 네 사람 중의 하나이다. 혼자만 먹지 말아라. 먹었으면 이제 죽어가는 자들에게 이 소식을 전하라. 너와 한사랑교회를 회복하는 손길과 성령께서 일하시는 원리를 다른 사람들과 나누어라. 알려주어라. 준비된 많은 작은 교회 종들과 또 준비될 많은 남은 자들에게 나누어주라.

누가 남은 자인가?

숨은 우상을 수술하려고 기다리는 자들이다.

수술대에 올라서 수술받고 있는 자들이다.

수술받고 회복실로 옮겨 회복하는 자들이다.

회복실에서 건강하게 삶의 현장으로 복귀한 자들이다.

복귀한 자들과 교회들은 집 나간 90마리 돼지들의 귀환을 맞을 준비를 해야 한다. 연합을 이루어 이 시대를 감당해야 한다. 구멍가게 하지 말고 협동조합을 하라. 주머니에 몇 푼 안 되는 동전을 세지 말고, 내가 준 양식을 먹고 그 양식을 물 위에 던져라. 그러면 나중에 부흥의 불로 돌아올 것이다. 일곱이나 여덟에게 나누어 주어라. 환난의 때가 옴이라.

CHAPTER 07

작은 교회의 시대가 열림

돼지 90마리의 귀환

나환자 정착촌 영호마을에서 김요석목사가 사역했던 목양 내용의 일부분이다.

이웃 동네에 사는 한 가장이 우리 교회에 나오게 되었다. 그들은 초신자였기 때문에 예수 믿는 사람으로서 어떻게 행동해야 할지 잘 모르는 상태였다. 게다가 이웃 동네는 워낙 불교가 지배적인 곳이었기 때문에 교회에 다니는 그들의 일거수일투족은 온 동네 사람들의 관심거리가 되었다. 그들은 이웃의 따가운 시선 속에서 살아야 했다.

어느 날 저녁 양씨 성을 가진 분이 나를 찾아왔다. 잔뜩 화가 나서 목에는 핏대가 서고 얼굴은 시뻘겋게 달아오른 모습이었다.

"왜 그렇게 화가 나셨어요? 누구하고 싸우기라도 했습니까?"
나는 다그치듯 물었다.

"아니오, 오히려 그 반대입니다. 제가 지금까지는 화가 나도 꾹 참았습니다. 예수 믿는 사람은 서로 사랑해야 한다고 목사님께서 늘 말씀하지 않았습니까? 그런데 옆집 그 인간은 해도 정말 너무 하지 뭡니까? 도대체 제가 어떻게 해야 할지 말씀 좀 해 주십시오. 목사님은 그래도 목사님이니까, 뭔가 답이 있지 않겠습니까?"

양씨는 숨을 가쁘게 쉬며 씩씩거렸다. 그를 진정시키는 일이 우선이었다.

"무슨 일인지 차근차근 말씀해 보십시오."

양씨는 깊이 숨을 놀아쉰 다음 이야기를 시작했다.

"오늘 오후에 우리 어미 돼지 다섯 마리가 옆집 채소밭에 들어가서 그 집 채소를 몽땅 먹어 치웠거든요. 그랬더니 옆집에서 손해배상을 해달라고 하더라고요."

"그야 당연히 배상해야지요."

나는 자신 있게 대답했다.

"저도 손해는 배상해 주려고 했지요. 그런데 그 인간이 말도 안 되는 요구를 하지 뭡니까!"

"옆집 사람이 원하는 게 뭔데요?"

"우리 어미 돼지 다섯 마리를 전부 달라는 겁니다."

양씨는 다시 화가 치밀어 올라 소리를 버럭 질렀다.

"아무리 예수 믿더라도 이런 경우에 화가 안 나는 사람이 어디 있겠습니까. 그렇지 않습니까?"

양씨는 씩씩거리며 내 대답을 기다렸다. 나는 무슨 말을 해주어야 할지 생각하다가 입을 열었다.

"옆집 사람은 형제님을 시험해 보려고 그러는 것 같습니다. 그 사람은 형제님이 마구 흥분하고 화내기를 바랄 거예요. 그렇게 되면 예수 믿는 사람이 얼마나 형편없는지 온 동네 사람들에게 보여줄 수 있으니까요. 그렇게 못하게 막으려면 그가 원하는 것을 다 주어야 합니다. 큰 손해를 입더라도 걱정하지 마십시오. 하나님이 더 많은 것으로 갚아주실 겁니다."

내 말이 초신자 양씨에게 설득력이 있을까? 양씨는 양손을 허리에 얹고 잠시 고민에 빠졌다.

"좋습니다. 어쨌든 저는 예수 믿는 사람이니까요. 아까는 정말 화가 났지만, 다 접어두고 하나님께 순종하겠습니다. 목사님 말씀대로 하지요."

양씨는 돌아가서 정말로 한 마디 불평 없이 돼지 다섯 마리를 전부 옆집에 주었다. 동네 사람들은 모두 깜짝 놀랐다.

"양씨가 미친 거 아니야?"

많은 사람이 양씨를 비웃었지만, 그중에는 양씨의 태도를 보고 사뭇 진지해진 사람도 있었다.

"아, 예수 믿는 사람은 저렇게 하는구나."

여름에 일어난 일이었다. 나는 그 사건을 까맣게 잊어버렸다. 나뭇잎이 곱게 물들어가던 어느 가을날 밤, 양씨가 내 방문을 두드렸다.

"목사님, 밤늦게 죄송합니다. 꼭 드릴 말씀이 있어서요. 전에 제가 목사님의 말씀을 따르기는 했지만, 사실 속으로는 굉장히 분했습니다. 그래서 옆집 사람이 한 짓을 오랫동안 잊지 못하고 있었거든요. 그런데 오늘 아침에 엄청난 일이 벌어졌지 뭡니까? 글쎄 옆집 황소 일곱 마리가 우리 집 밭에서 실컷 뜯어 먹고 있는 겁니다. 제 눈을 믿을 수가 없었어요. 그런데 옆집 사람이 그걸 보고 양심의 가책을 받았는지, 저한테 와서 난처한 얼굴로 이러는 겁니다.

"양씨, 어떻게 배상해야 할까?"

처음 생각 같아서는 그 황소 일곱 마리를 냅다 끌어오고 싶었지요. 하지만 목사님께 먼저 여쭈어 할 것 같아서 이렇게 달려왔습니다. 목사님, 이제 제가 이겼지요? 그렇지요? 돼지 다섯 마리에 황소 일곱 마리라니, 목사님 말씀대로 하나님은 정말 제가 잃은 것보다도 더 많이 주셨습니다. 그렇지 않습니까?"

양씨의 얼굴은 커다란 이익을 얻게 되리라는 기대감으로 빛나고 있었다. 하지만 나는 그의 기대를 저버려야 했다.

"사랑하는 형제님, 형제님은 예수 믿는 사람입니다. 악을 악으로 갚지 마십시오. 앙갚음하려는 마음을 버리시고 그분에게 용서하는 마음을 보여주십시오. 형제님이 하나님의 뜻에 순종할 때 하나님께서는 더 많은 것으로 갚으실 것입니다."

양씨의 얼굴이 갑자기 침울해졌다. 그는 올 때와는 달리 한마디도 하지 않고 맥 빠진 모습으로 돌아갔다. 하지만 다음 날 저녁, 양씨는 또 한 번 신이 나서 찾아왔다.

"목사님 말씀이 또 맞았어요! 하나님이 정말 더 풍성하게 주셨습니다. 어제 목사님이 말씀하신 대로 옆집 사람에게 아무런 배상도 받지 않았거든요. 그런데 오늘 오후에 그 사람이 돼지 아흔 마리를 끌고 우리 집에 왔지 뭡니까? 그러면서 하는 말이 '이 돼지 전부 자네 것일세. 내가 자네 때문에 지난 밤에 한숨도 못 잤어. 지난번 일로 틀림없이 화가 잔뜩 났을 텐데. 왜 내 황소를 달라고 하지 않느냐 말이야. 내가 그걸 생각하느라고 머리가 다 빠개지는 것 같았어. 자, 자네 돼지들이 한 마리당 낳은 새끼 열여덟 마리씩 다 합해서 아흔 마리를 전부 데려왔으니 다 가져가게. 그리고 이제부터 이웃끼리 잘 지내보세."

양씨는 전혀 예상치 않은 일로 흥분해서 내게 뛰어온 것이다.

"생각해 보세요. 별안간에 이렇게 많은 돼지를 되돌려 받은 것도 굉장하지만, 지금까지 옆집에서 그놈들 전부를 먹인 먹이를 생각하면 정말 하나님이 제가 손해 본 것보다 훨씬 더 많이 주셨지 뭡니까? 이제 저는 확실히 하나님을 믿습니다! 그런데 목사님, 이것보다 더 좋은 일이 뭔지 아십니까?"

좋아하던 양씨의 표정이 갑자기 진지해졌다.

"마을 전체가 우리를 예수 믿는 사람으로 인정하게 된 겁니다. 이거야말로 하나님께 받은 최고의 선물이 아니겠습니까?"

내가 이 내용을 읽었을 때 성령께서 큰 감동으로 시대의 목양적 이동에 대해 말씀하셨다. 지금은 돼지 90마리가 귀환할 시대이다. 옆집에서 애지중지해서 키운 돼지 다섯 마리는 작은 작은 교회의 양들이고, 옆집은 대형교회 중형교회를 상징한다. 지난 30년 동안 작은 교회 공동체에서 열심히 전도해서 양육하면, 버스를 돌리면서 양들을 다 자기 교회로 데려가 작은 교회 사역자들이 실망하여 힘이 빠진 시절이 있었다. 그런데 때가 차매 성령께서 대형교회와 중형교회에서 데려간 돼지 다섯 마리가 자라서 새끼를 낳고 총 90마리의 돼지들이 다시금 빼앗긴 곳으로 돌아온다는 성령의 감동이다.

지금은 대형교회와 중형교회에서 가두리 양식장같이 키운 살진 물고기들을 하늘의 큰손이 가두리를 막고 있는 철장을 뜯어내어 나오게 하는 시기이다. 살진 많은 물고기가 거기서 나와서 영성 훈련을 시켜줄 새로운 작은 공동체로 간다는 감동이다. 순간적으로 이런 질문이 들었다.

"그럼 왜 작은 교회 양들을 큰 교회들로 가게 하셨나요?"

성령께서는 이렇게 감동을 주셨다.

"그것은 위탁한 것이다. 몇 안 되는 양들을 붙들고 집착하면 언제 자아가 십자가에서 죽겠느냐? 자아가 십자가에서 죽는 기간 동안 양들을 위탁하여 양육하게 한 것이다."

성령님의 가르쳐주심이 얼마나 지혜로운지 주변의 목사님들에게 이 사실을 알리고 작은 교회는 이를 위해 미리 준비해야 한다고 하였다. 돼지 90마리가 귀환한다. 오는 자들을 맞이하려면 살이 쪄서 움직임이 둔한 자들을 날렵하고 민첩한 십자가 부활 영성이 되게 해야 한다. 그 후 5년 넘는 세월이 지나고 코로나가 오게 되면서 위와 같은 상황이 벌어지기 시작한 것을 보게 되었다.

시대마다 다른 목양의 원리

목양의 시대는 30년 주기로 정해진다.

주님은 보통 한 사역자나 교회를 30년 정도 쓰신다.

준비 과정과 연단 과정까지 합하면 40~50년으로 볼 수 있다. 하지만 본격적으로 드러내어 쓰는 여정은 30년 정도이다. 모든 신학은 이런 상황 안에서 이루어진다.

2010년 이전 30년의 목양 패러다임은 교회 성장, 메가처치 패러다임이 주된 시기였다. 새들백교회 릭 워렌목사도 이 시기에 목양으로 경험한 것을 책으로 출간했다. 릭워렌 자신은 교회 성장이나 메가처치에 부정적인 시각이 있었다. 하지만 교회 성장을 시대적인 실천 목회의 툴(tool)로 준비하고 적용해왔으며, 새들백교회는 15년 동안, 만 명 규모로 성장했다.

메가처치는 성경적 모형이 아닌 시대적인 산물이며, 돌연변이 산물이기도 하다. 남미에서 일어난 셀교회의 지체교회들의 교인 수가 10만이 넘는 것은 이해가 되지만, 한 지역교회가 만명을 넘어서서 수십만으로 가는 것은 기형적인 돌연변이이다. 교회뿐 아니라 세상도 시대적으로 정치적 상황, 경제적 상황, 경제개발 5개년계획, 외적 성장프로젝트, 대기업 중심, 부동산 투자, 성공주의, 일등주의 등이 시대의 가치관과 정신을 대변한다. 이런 세상 풍조에 교회도 대형주의, 일등주의, 경쟁주의가 대세였다. 양 뺏기 목양으로 갈 수밖에 없었던 것은 이 때문이다.

CHAPTER 08

우상 수술의 남은 과정

구들장이 머리 위에 떠 있는 돌 쟁반으로

2010년 3월 22일 오전 10시경에 일어난 일이다. 성결의 경험 후 여호와 닛시의 영적 성장 과정을 거치면서 내 머리 위에 있는 큰 바위는 손으로 뜯어낼 수 있는 구들장으로 바뀌었다. 여기까지는 2011년 2월 전 연합 안에 있었을 때 경험한 것이다. 연합에서 분리되어 나온 이후로 겪을 일을 성령께서 마지막 멘토링 모임에서 말씀해 주셨다.

내 안에 있던 우상이 내 안에서 나와 허공 위에 떠 있는 돌 쟁반의 형상으로 바뀌었다. 머리 위에 떠 있는 돌 쟁반은 자아로부터 떠났으나 여전히 위에 떠서 머물러 있는 나의 모습이다. 2011년 3~4월경 좁은 문을 경험하였다. 이때 주님은 회복의 은혜를 베푸시며 13가지의 선물을 주셨다. 기도실, 예배,

하나님을 경험하는 삶, 매일 성경, 4개의 기도 기둥, 가지치기 등이다. 이때 중국 선교와 이스라엘에 대한 눈을 열어주셨다. 박보영목사 간증을 들을 때 아버지의 마음을 알게 되었다. 재정강의(김미진간사), 예배당 선물, 루디아부흥공동체 선물, 교육관 선물, 손종원목사와 동역, 서울역 빛과 소금선교회와 연합 사역, 청년의 믿음을 세우는 목양 시스템, 탕자를 맞아주시는 아버지를 경험. 아버지의 입 맞추심이 이때 일어난 일이다.

돌 쟁반이 떠나감

돌 쟁반이 떠나갔다. 환부에 붙어있는 상처 딱지가 떨어지면서 돌 쟁반이 떠나갔다. 2012년 11월 4일(주일) 오전 8시~9시 반에 주님이 임하셔서 형제 사랑의 기름 부음을 부으실 때 쟁반이 떠나갔다. 이때 가나안 정탐을 경험했다. 양문교회(강종춘목사) 연합 예배 때 신선한 채소 주시는 은혜를 베푸시는 하나님을 간증했다. 종양으로 빨개진 환부가 굳어지면서 딱지가 져서 떨어져 나가면 일할 수 있는 지체가 된다. 하나님이 믿어주시는 종이 된다. 종양이 딱지가 되어 떨어져 나갈 때까지 기다리면 선교의 문이 열린다.

형제 사랑으로 선교의 문이 열림

연합에서 분리되어 나오게 될 때 주님은 함께 했던 최채석 목사에게 환상을 주었다. 최목사님과 내가 굴을 파고 나오는데 중국 광동성 기찻길 옆이었다. 굴을 파고 나오는데 사용했던 곡괭이와 삽은 몽당곡괭이와 몽당삽이 되어버렸다. 15년간 있었던 연합의 사역이 나와 최채석목사가 연단 받아왔던 터널의 기간임을 알게 하셨다. 거기서 졸업하고 나오니 성령께서 선교의 문을 열어주셨다.

몇 달이 지난 어느 날 강종춘목사가 중국 북경, 연경에 가정교회 지도자들을 섬기는 신학교가 있으니 함께 가자고 했다. 2012년 5월경이다. 그 계기로 2019년까지 8년 동안 중국 가정교회 지도자들을 말씀으로 섬기는 신학교 선교사역을 하게 하셨다. 나의 계획과 의지가 아니었다. 두 번째 십자가로 하나님의 공의를 지나고 나니 성령께서 나를 믿어주시는 청년의 영성이 되었고, 선교 사역지를 열어주신 것이다. 8년 동안 해마다 준비하는 강의 내용만 해도 상당한 분량이다. 월요일에서 금요일까지 오전 9시부터 저녁 5시까지 매주 30여 시간 강의 분량이고 한 학기에 해당하는 양이다.

그런데 8년 동안 같은 내용을 반복한 적이 없다. 중국에 갈 때가 되면 성령께서 감동으로 전할 내용을 지혜와 지식으로 알려주셨다. 전하는 나와 듣는 중국 형제, 자매들 모두 큰 은혜를 받는 사역이 되게 하셨다.

중국교회에 주시는 시대의 양식은 원뉴맨 한 새사람 교회론의 양식이다. 2012년 5월에 중국 가정교회 선교사역에 문을 열어주셨다. 그리고 그해 10월 17일에 성령께서 강하게 이스라엘에 대한 마음을 주시면서 원뉴맨의 교회론을 열어주시기 시작하였다. 중국 가정교회 신학교 사역을 통해 이스라엘 회복의 영성과 작은 교회 회복의 영성을 8년간 전하였다. 대만이나 중국이 우리나라보다 이스라엘의 회복에 관심이 더 많아 보였다. 이들의 영적 DNA에 이스라엘 회복에 관한 게 있는 듯했다. 대부분 거부감 없이 당연하다는 듯 받아들였다.

통역하는 중국 목사님의 시대적 꿈

강의를 통역하던 조선족 자매 C목사님이 평소에 자기는 꿈을 꾸지 않는데 어젯밤 아주 선명한 의미심장한 꿈을 꾸었다고 하였다. 바다 해변이 있는데 밀물이 들어오다가 썰물이 되어서

바닷물이 빠져나갔다. 밀물과 함께 빠져나가지 못한 살찐 많은 물고기가 해변 바닥에 펄떡이고 있더라는 것이다.

그 순간 성령께서 감동을 주셔서 C목사님에게 그동안 중국 교회 선교에 관한 이야기를 해달라고 했다. 중국 선교의 문이 열릴 때 한국의 대형교회나 중형교회에서 많이 들어와 1992년 한중수교 이후 20년 넘게 선교하면서 많은 도움을 주었다고 했다. 그동안의 선교는 중국 문이 열리니 열심히 선교한다는 좋은 의도였다. 하지만 주로 물질로 교회를 돕거나 신학교를 운영하면서 시골에서 오는 학생들에게 교통비도 주고 숙식도 제공하는 것이었다. 이를 통해 중국교회라는 물고기들이 살이 오르고 선교적으로 긍정적인 면이 있었다. 하지만 우리나라에 IMF가 오자 중국 선교를 열심히 하던 교회들이 물밀듯이 빠져 나갔다. 그러자 물고기들이 물이 없어서 갈급하며 펄떡이는 현 상황의 중국교회 현실을 보여주는 영적인 꿈이었다.

즉시 성령께서 해석의 감동을 주셨다. 대형교회와 중형교회 중심의 물질 중심 지원 선교방식이 밀물처럼 밀려 나가고, 2010년 이후부터는 성령께서 여름철 환난의 시기에 쓰려고 담아둔 김치를 꺼내어 줄 때가 된 것이다. 이제는 20~30년 연단의 시간을 보낸 작은 공동체 교회와 종들을 보내신다. 이들은 물질적으로 넉넉하지는 않다. 하지만 특수부대 요원처럼 돈맛을 알게 된 중국 가정교회 살진 물고기들을 단련시키는 십자가 부활 영성의 말씀이 있고 성령의 은사들이 있는 종들이다. 한국에서 오는 사역자들은 항공 티켓을 준비하고 중국 가정교회 신학교는 사역자들의 숙소와 식사와 소정의 선물을 준비한다. 더 나아가 이들이 섬기는 가정교회들이 직접 동남아나 이슬람 지역에 선교 비전을 갖고 나아간다.

2012년부터 2019년의 8년간 중국 가정교회 신학교에서 성령께서 감동과 지혜로 주신 말씀의 원리들을 살펴보니 코로나 이후 한국교회의 회복할 작은 교회들의 상황과 같다는 것을 알게 되었다. 성령께서 미리 아시고 8년간 이 시대의 작은 교회들이 회복하는 말씀의 원리들을 중국 가정교회 지도자들에게 전하게 하시고, 코로나 이후에 우리에게 적용하도록 하신 하나님의 섭리였다.

CHAPTER 09

작은 교회 목양 전략과 목양 영성

8천 미터급 고산 등반전략

2017년 10월 16~20일 중국 북경신학교 강의 일부이다. 8,000미터 고봉을 등정하려면 먼저 5,000미터 지점에 베이스 캠프를 설치해야 한다. 그리고 1, 2, 3, 4캠프를 실치한다. 마지막 4캠프에서 정상을 정복하는 전략을 짠다. 30~40년 전에는 목양 환경이 베이스캠프에 있었다. 여기서는 큰 텐트를 치고 음악을 틀어놓고 정상 고봉을 바라보며 우아하게 차를 마실 여유가 있다. 하지만 오늘날 한국교회 환경은 4캠프 가까이 있다. 2017년 당시 중국교회는 3캠프에 있었고, 미국교회는 4캠프, 한국교회는 3과 4캠프 사이였다.

여기는 베이스캠프와는 환경이 너무 다르다. 바람의 세기가 다르다. 눈사태의 위험과 급격한 온도 저하와 같은 많은 장애가 있다. 큰 텐트를 치면 눈보라 폭풍에 다 날아간다. 이전의 베이스캠프를 생각하며 개척하려는 목회자들이 의외로 많다. 어느 후배가 개척한다고 하길래 이런 내용을 참고하라고 말해 준 적이 있다. 정상 정복을 앞둔, 다시 말하면 주님의 재림이 코앞에 와있는 현실에서 이전의 목양 스타일로 개척하다가는 폭풍과 눈사태에 다 날아간다. 그럼 어떻게 해야 하는가?

텐트 크기가 달라져야 한다

대형에서 소형으로 그리고 강한 폭풍을 흘려보낼 수 있게 유선형으로 낮게 위치해야 한다. 크게 되려고 하지 말고 작고 겸손하게 몸을 낮추며 사역해야 한다. 고개를 쳐들면 날아가게 되어있다. 그 안에 있는 멤버도 2~3명 소수로 해야 한다.

텐트끼리 생명줄로 연결되어야 한다

연합해야 한다(시133:1-3). 눈사태가 발생했을 때 생존한 자가 눈에 파묻힌 자들을 구조할 수 있다.

지력, 체력, 영성이 있어야 한다

극한 환경에서 살아남는 지력, 체력, 영성이 있어야 한다. 특별히 산소가 부족한 환경에서는 호흡이 강해져야 한다. 기도는 호흡이다. 하나님의 얼굴을 구하는 프로슈케 기도가 습관이 되어야 한다(시16:8-11,15).

1진 2진 3진 목양 전략

사사 기드온이 싸운 이스라엘과 미디안과의 전쟁(삿6~7장)에서 교훈을 얻을 수 있다.

1진 사역자들

기드온과 함께 밤에 바알의 단과 아세라상을 쪼개러 나간 자들로서 소수이다(열 사람). 시대에 쓰임 받는 종이 되려면 반드시 마음 안에 있는 숨은 우상 즉 바알의 단을 헐고 아세라상을 쪼개야 한다. 성령께서 주신 숙제이다. 이 숙제를 해야 싱령께서 기름을 부으신다. 이 숙제를 기드온과 함께 행한 열 명의 종들이 1진 사역자들이다. 극소수이다. 이 숙제를 하고 기드온이 나팔을 부니 32,000명이 모여들었다. 하나님은 모여든 32,000명을 다 쓰지 않았다. 두려워하는 22,000명은 돌려보냈다. 10,000명이 남았지만 테스트해서 300명을 구별하였다. 기드온 300 용사들이 1진 사역자들이다. 이들은 "여호와를 위하라, 기드온을 위하라" 영적 권위에 순종하는 영성으로 준비된 자들이다. 1% 해당하는 이들이 기관차 역할을 하여 공동체를 이끌어간다.

2진 사역자들 - 9700명

먹고 마시고 입는 문제의 두려움에서 벗어난 자들이다. 홍해 바다를 건너 하늘에서 만나와 메추라기를 먹어본 경험이 있는 사역자들이다. 300 용사들은 "여호와를 위하라, 기드온을 위하라"라는 영적 권위에 온전한 순종한 자들이지만, 2진 사역자들은 물을 손으로 핥아서 먹는 300명과는 달리 행군으로 인해 지치는 상황이 되면 무기를 옆으로 팽개치고 철모를 벗어 던져버리고 허겁지겁 고개를 처박고 물을 먹는다.

3진 남은 자들

먹고 마시고 입는 문제로 염려하며 하나님 나라의 싸움을 두려워하는 신자들이다. 교회공동체마다 3종류의 신자가 있다. 각 그룹에 맞는 양식과 교육과 다루는 과정이 있어야 한다.

22,000명 그룹은 광야 1차 공의의 십자가를 경험함으로 먹고 마시고 입는 것은 하늘 아버지가 자녀에게 주신다는 삶의 체험을 하도록 지도해야 한다

9,700명 2진 그룹은 광야 2차 공의의 십자가를 경험하도록 말씀으로 자기 생각을 십자가에서 죽이는 영성을 지도해야 한다.

좁은 문을 지나가게 하라

2014년에 김향자전도사가 꿈을 꾸었다.

박규태목사는 5층(옥상)에 있고 신자들은 4층에 있다. 박규태목사가 신자들을 향해 "5층으로 올라오세요"라고 하였다. 김향자전도사가 4층에서 5층으로 올라가려 했지만 길이 너무 협착하고 험해서 올라가다가 포기하고 내려왔다.

박규태목사가 "그러면 버스 3대를 내려줄테니 그걸 타고 올라오세요"라고 하였다. K집사가 버스가 떠나기 전에 달려오면서 "전도사님 같이 가요" 하였다. 이어서 어떤 자매가 K집사에게 "언니, 나도 같이 내려가요" 하였다.

이 꿈이 주는 교훈은 이렇다.

성결의 은혜를 받아야 한다. 십자가의 주관적 은혜를 받아야 한다. 12명의 동역자들 모두가 4층에서 좁은 문인 5층(옥상)으로 올라가야 한다.

5층(옥상)의 영적 시야가 있어야 이 시대를 감당할 수 있다.

5층은 지혜로운 다섯 처녀의 영성을 말한다.

5층은 청년의 영성을 말한다.

5층에 와야 시133편의 연합의 영성으로 사심이 없는 동역을 할 수 있다.

5층에 오면 주님이 목마른 영혼들을 배달해 주신다.

믿고 맡기신다.

부흥을 담을 수 있는 그릇이 된다.

부흥의 파도를 탈 수 있는 일꾼이 된다.

우상을 제거한 흔적이 있는 자들이다

버스는 동역의 원리이다.

버스는 가마솥이다. 좁은 문을 지나 십자가를 경험한 자들이 3명 이상이 있어야 영성 가마솥이 된다. 준비된 영혼을 삶을 수 있는 가마솥이 된다.

버스는 가정교회를 나타낸다. 복음의 주도권을 가지고 전도 양육할 수 있는 일꾼들이 된다.

이 꿈 이후 K집사를 상징하는 1차 영성 사춘기를 겪는 영혼을 보내주시고, 느부갓네살의 미친 시간을 보낸 영혼 모녀를 보내주셔서 훈련을 경험케 하였다.

CHAPTER 10

작은 교회 전도 전략

코스트코에서 배우라

미국 기업 코스트코의 한국에서의 성공경영을 통해 본 교훈은 배짱 장사를 하라는 것이다. 코스트코의 배짱 장사의 이면에는 다음과 같은 것들이 있다.

(1) 좋은 품질
(2) 합리적 경영

원 플러스원 이벤트를 지양하고, 유통기한이 가까운 제품에 대해서만 합당한 할인을 한다. 일반 할인매장에서는 갑과 을의 관계일 수밖에 없는 입점사와의 관계를 이용하여 갑질을 하며 이벤트를 강요한다. 이에 비해 코스트코는 더 합리적으로 운영한다. 대형교회와 중형교회와 작은 교회와의 관계에서도 서로 공생의 관계가 필요하다.

회원제 운영

회원제는 아무나 오지 말라는 것이다. 우리는 일관성 있는 좋은 품질과 좋은 서비스를 제공하고, "골라 골라" 하는 저급한 시장식의 경영을 하지 않겠다는 것이다.

경쟁으로 인한 제 살 깎아 먹기식의 경영을 지양

다른 유통업체들은 치열한 죽이기식 경영을 하였다. 60년대 유학 갔던 목사님의 간증이다. 가발을 사다가 미국에서 팔아서 공부했다고 한다. 한국 사람들은 공생하면 되는데 경쟁이 붙자 원가보다도 밑돌게 판다. 너 죽고 나 죽자 하는 식이다. 한민족은 서바이벌의 장점은 있지만, 함께 동역하며 공생하는 의식은 일본이나 중국보다 약한 것 같다.

교회도 마찬가지이다. 동네에 개복숭아가 10그루 있고, 교회가 20개 있다고 치자. 복숭아가 한 나무에서 1,000개가 열리면 총 10,000개의 수확을 한다. 그러면 협동조합을 만들어 공생의 관계로 운영하면 건강에 좋은 개복숭아를 해마다 각 교회에 500개씩 돌아갈 수 있다. 그런데 20개 교회는 서로 교파가 다르고 비전이 다르다. 하나님의 나라를 위해 오직 열심과 충성을 다한다는 명분 아래 복숭아가 채 익기도 전에 밤에 와서 떼를 지어 훑어간다. 탐욕이 과한 교회들은 대낮에 버젓이 싹 쓸이로 훑어간다. 하지만 익기도 전에 딴 복숭아들은 대부분 버리게 된다. 이미 따버린 복숭아들은 더이상 익지 않는다. 상하거나 버릴 수밖에 없다.

일반 상품과 고급 명품의 판매 방식을 구별함

명품이나 보석들은 유리함에 보관하고 자물쇠를 잠근다. 원하는 사람은 점원에게 말하면 무전기로 연락하여 매니저가 와서 열쇠로 열어준다. 다음 사람이 보려고 하면 "잠시 기다리세요. 이 손님이 다 보고 난 뒤에 보세요"라고 말한다. 많이 팔려면 여럿이 보아야 좋을 것 같은데 그렇게 하지 않는다. 한국교회는 너무나 복음을 값싸게 전한 것은 아닌가? 한국교회는 복음을 너무 경쟁 있게 전하다 보니 바겐세일을 쉽게 한 게 아닌지 돌아볼 필요가 있다.

카타콤에서 배우라

코스트코 유리 진열장에 있는 3억짜리 다이아몬드는 큐빅이다. 진짜는 다른 곳에 있다. 진짜는 실제 구매하려는 자에게만 보여준다. 오늘날 교회 전도가 쉽지 않다. 광고를 내고 인터넷으로 교회를 알려도 반응이 별로 없다. 사람들이 교회에 식상했기 때문이다. 앞으로 살길은 카타콤 시대, 환란의 시대에 적용된 전도 방식을 준비해야 하지 않을까 싶다.

값비싼 보석을 어설프게 진열하여 이 사람 저 사람 만지게 하면 도둑을 맞는다. 가짜와 바꿔치기를 할 수도 있다. 보석을 깊이 숨겨두어야 한다. 지하 깊은 비밀창고에, 로마 군대가 와도 찾지 못하는 미로와 같은 은밀한 장소인 카타콤에 숨겨두어야 한다. 생명을 거는 대가를 치르더라도 구매하려는 자들을 마약상이 접선하듯이 은밀하게 카타콤으로 데려와야 한다. 이것이 앞으로 올 환난의 세대에 멸절하지 않을 교회의 선교방식이다.

교회의 역사를 보면 환난의 시대에서 번영의 시대로 그리고 다시 환난의 시대가 온 다음에 초대교회로의 회복이 이루어진다. "부흥은 초대교회로!"라는 구호는 환난의 시대에서 이루어질 것이다. 전무후무한 대환난의 때에 신자들의 이중성이 벗겨지고 내면의 찌꺼기들이 불로 정화될 것이다. 조금 성장했다고 우쭐대던 종들의 미숙하고 어리석고 교만한 가시나무의 속성들이 불태워질 것이다.

환난 시대에 광고하는 교회는 없다. 이것을 연습하고 적용하자. "광고하지 말라, 떠벌이지 말라."

가짜가 걸리면 본부가 들통나게 된다. 비밀 경찰에게 고발당하면 모두가 감옥에 가고 순교의 불을 받을 것이다. 그래도 어리숙하게 광고하겠는가? 떠벌이겠는가? 미국교회는 이미 이런 환경으로 접어 들어가고 있다. 우리나라 교회들도 이런 환경으로 가고 있다. 10~20년도 안 되어 극심한 환경이 올 것이다. 지금부터 화생방 훈련 연습하듯이 카타콤 목양 훈련을 해야 한다.

광고를 하더라도 자기 분수에 맞게 해라. 과장하지 말라. 뻥치지 말라. 이것이 거짓이고 음란이다. 들어와서 지내다 보면 다 알게 된다. 들어와서 지내보고 "광고보다 훨씬 좋네요" 하는 게 더 낫다. 요한복음 2장에 예수님이 물로 만든 포도주를 맛본 연회장의 고백이 있어야 한다.

"사람마다 먼저 좋은 포도주를 내고 취한 후에 낮은 것을 내거늘 그대는 지금까지 좋은 포도주를 두었도다."

카타콤 목양은 순교를 각오해야 한다. 실수하여 데려온 자가 로마 군대에 고발하면 모두 순교 현장으로 갈 수 있으므로 아무나 카타콤에 데려오지 말아야 한다.

CHAPTER 11

그림자가 없는 아버지의 선물

숨은 우상이 제거되면 주시는 은혜

숨은 우상이 제거된 자에게는 회복의 선물이 주어진다. 그 선물은 위로부터 내려온다.

야고보 1:17

온갖 좋은 은사와 온전한 선물이 다 위로부터 빛들의 아버지께로부터 내려오나니 그는 변함도 없으시고 회전하는 그림자도 없으시니라

하나님은 변함도 없으시고 회전하는 그림자도 없으시다. 온전한 선물은 위로부터 나고 하늘의 아버지께서 주신다. 그분이 주시는 선물은 변함도 없고 회전하는 그림자도 없다. 이전에 철이 없었을 때 받았던 선물은 다 내가 원해서 구한 것이다. 그런 것들은 자아의 욕심이 섞여서 받은 것이라 섞인 만큼 그

림자가 있다. 빛이 있지만, 그림자도 있다. 따라서 부작용이 나타난다. 철이 없을 때 아버지를 기다리는 아이는 아버지보다 선물에 관심이 있지만, 철이 들면 선물보다 선물을 가지고 오시는 아버지에게 관심과 사랑을 나타낸다. 숨은 우상에서 벗어난 자들이다.

이렇게 되면 구하지도 않았는데 빛들의 아버지이신 하나님께서 선물을 주시기 시작한다. 이런 선물들은 부작용이 없다. 그림자가 없다. 놀라운 은혜와 회복으로 역사하기 시작한다. 감사만 나올 뿐이다. 왜 나 같은 도적놈에게 이런 은혜를 베푸시는지 아버지 사랑에 감사할 뿐이다. 아버지는 또 안아 주신다. 입맞춤을 주신다. 또한 옷을 입혀주시고, 반지를 끼워주시고, 신발을 신겨주시고, 송아지를 잡아 사람들을 초청해서 축제를 여신다. 잃어버린 아들이 돌아왔기 때문이다. 하나님은 나와 한사랑 공동체가 회복하는 동안 해마다 서너 가지 그림자 없는 선물들을 주시면서 사랑을 베풀어오셨다.

예배당 선물과 교회 명칭 변경

성령님은 고 한의순전도사를 통해 예배당을 선물하는 은혜를 베푸셨다. 이 딸은 이전에 성전 건축에 대한 비전을 받았다. 이것을 잊지 않고 마음에 품었다. 20여 년 전에 형제 사랑의 불을 경험했는데 온누리교회에서 있었던 이스라엘 중보기도회 '키비'(KIBI)이다.

메시아닉 쥬 목사님이 말씀을 전하시고 Calling이 있었다. 전도사님은 일어나라는 성령님의 내적 감동에도 일어나지 않았다. 또다시 일어나라는 강한 감동이 있어서 일어났다. 이후로 기도할 때마다 뱃속에서부터 끓어오르는 눈물을 토해냈다고 한다. 애간장이 끊어지는 기도를 하였다.

전도사님은 김한식선교사를 통해 세워진 한사랑선교회의 신학교를 나왔다. 김한식선교사는 이스라엘에 눈이 열린 종이다. 교회에 이스라엘 회복의 눈을 열어준 사람이 하용조목사라면, 선교단체에 눈을 열어준 사람은 김한식선교사이다. 이 선교단체의 신학교를 나온 여종에게 이스라엘의 눈이 열린 것은 성령님의 자연스러운 섭리이다. 한사랑신학교를 졸업한 후 온누리교회에 있던 KIBI에서 이스라엘을 위한 중보기도의 불을 받은 것이다.

전도사님은 별명이 유대인이었다. 그는 믿음이 유대인처럼 특별했다. 하나님과의 관계도 특별했다. 혈통적 기질은 이웃과 오랜 시간 관계를 갖는 데 어려움을 느끼는 분이었다. 하지만 전도사님은 3년이라는 시간을 이방인인 우리와 함께 그리스도의 몸의 지체로서의 시간을 가진 후 주님 품으로 가셨다.

성령님이 영적 유대인인 전도사님을 우리 교회에 보내주셨다. 보아스로 보내주셨으며 우리는 이방교회의 상징인 룻으로 나타내셨다. 보아스와 룻이 하나가 되는 게 한 새사람인 것처럼 전도사님과 우리를 하나로 경험케 하셨다. 한 새사람을 이룬 교회에 예배 처소를 선물로 주셨다. 또 이스라엘에 눈이 열린 최채석목사의 광야충만 이동교회를 전도사님을 통해 선물로 주셨다. 이때 주님은 우리 교회 이름을 에베소서 2장 15절의 한 새사람의 의미를 담은 '한사랑교회'로 바꾸게 하셨다.

형제 사랑이 부어짐

나는 소경으로 32년간 목양을 하였다. 가족과 동역자들을 구덩이로 인도한 장본인이다. 눈에 보이는 외적 성장을 위해,

목회 성공을 위해 열정을 다했지만 결국 소경이었다. 성령님은 내 안에 영성의 빛을 주시고 15년간 깊은 구덩이에 넣으셨다. 내 마음의 들보를 보게 하는 시간이었다. 15년의 세월로 육신의 눈에서 마음의 눈이 열리게 되었다. 작은 통로가 생긴 것이다. 이 틈을 통해 빛이 들어왔다. 그 빛은 바로 나의 주님이셨다. 이분이 나의 아버지이셨고 아버지의 영광이셨다.

주님으로 인해 울기 시작하였다. 통곡하곤 하였다.

회복의 5년 세월이 지났지만, 이 글을 쓰는 지금도 주님으로 인해 나는 또 운다. 무지하고 교만한 주의 영광을 도적질한 도적놈을 끝까지 보호하시고 품으신 주님의 사랑에 감격하여 운다. 십자가의 주관적 은총이 부어지고(2010. 3. 22), 형제 사랑의 빛이 부어졌다(2012.11.4). 그러자 형제가 보이기 시작했다. 이스라엘을 보는 눈이 열렸다. 중국 형제들이 마음에 들어왔고, 북한 형제들이 마음으로 들어왔다. 이어서 일본 형제들이 마음에 자리 잡기 시작했다.

CHAPTER 12

작은 교회 회복의 영성 원리

내적 사명

강건한 작은 교회 회복의 영성 원리에는 내적 사명(마 22:37~38)과 외적 사명(마22:39, 마28:19~20)이 있다. 먼저 내적 사명에 대해 살펴보자.

마태 22:37~38

예수께서 이르시되 네 마음을 다하고 목숨을 다하고 뜻을 다하여 주 너의 하나님을 사랑하라 하셨으니 이것이 크고 첫째 되는 계명이요

작은 교회의 내적 사명을 요약하면 다음과 같다.

예수님(예슈아)의 얼굴 구하기

다윗의 코람데오 영성

시편 16:8~11

8)내가 여호와를 항상 내 앞에 모심이여. 그가 나의 오른쪽에 계시므로 내가 흔들리지 아니하리로다 9)이러므로 나의 마음이 기쁘고 나의 영도 즐거워하며 내 육체도 안전히 살리니 10)이는 주께서 내 영혼을 스올에 버리지 아니하시며 주의 거룩한 자를 멸망시키지 않으실 것임이니이다. 11)주께서 생명의 길을 내게 보이시리니 주의 앞에는 충만한 기쁨이 있고 주의 오른쪽에는 영원한 즐거움이 있나이다.

순결의 영성 계 19:7

신부의 영성 사 54:4, 계 19:7

많은 일로 염려하지 않는 영성

누가 10:38~42

38)그들이 길 갈 때에 예수께서 한 마을에 들어가시매 마르다라 이름하는 한 여자가 자기 집으로 영접하더라. 39)그에게 마리아라 하는 동생이 있어 주의 발치에 앉아 그의 말씀을 듣더니 40)마르다는 준비하는 일이 많아 마음이 분주한지라. 예수께 나아가 이르되 주여 내 동생이 나 혼자 일하게 두는 것을 생각하지 아니하시나이까? 그를 명하사 나를 도와주라 하소서. 41)주께서 대답하여 이르시되 마르다야 마르다야 네가 많은 일로 염려하고 근심하나 42)몇 가지만 하든지 혹은 한 가지만이라도 족하니라. 마리아는 이 좋은 편을 택하였으니 빼앗기지 아니하리라 하시니라.

외적 사명

둘째도 그와 같으니 네 이웃을 네 자신 같이 사랑하라 하셨으니

19)그러므로 너희는 가서 모든 민족을 제자로 삼아 아버지와 아들과 성령의 이름으로 세례를 베풀고 20)내가 너희에게 분부한 모든 것을 가르쳐 지키게 하라 볼지어다 내가 세상 끝 날까지 너희와 항상 함께 있으리라 하시니라.

작은 교회의 외적 사명은 형제 사랑과 제자 사역이다. 마태복음 28:19~20은 개신교회 선교사역의 대표적인 구절이며 또한 형제 사랑의 표현이다. 열방에 예수 그리스도의 제자로 삼으라는 선교 대명령으로 Great Commission으로 불린다. 대부분의 열방교회 사역의 나침판이다.

사역 중심 패러다임으로 사역자들이 Burn out 되었고 Work out 되었다. 따라서 중국 선교와 같은 소중한 일에 대형, 중형교회들이 뒤로 빠져버렸다. 1948년 이스라엘이 회복된 시점에서 반세기가 지나 2000년이 되었다. 이제는 구시대의 선교 양식이 바뀌어야 한다. 그렇지 않으면 성령님이 교회와 개인을 선교사역에 쓰실 수 없다. 부흥을 부으실 수 없다. 부

흥은 교회를 세우려고 주시는 것이다.

반쪽짜리 애꾸눈 시각으로는 열심을 낼수록 뱅뱅 돌고 어지러워서 방황할 수밖에 없다. 두 날개가 있어야 비상할 수 있다. 한 날개로 열심히 날갯짓해 보아야 제자리를 돌 뿐이다. 그래서 오늘날 한국교회가 어지러운 것이다. 통일도 지금 해주실 수 없다. 통일되면 한국교회가 애꾸눈 신학과 신앙으로 북에 들어가 프랜차이즈 교단을 세우는 것 외에는 할 게 없기 때문이다. 땅따먹기 식의 어린 영성으로는 통일을 이루기에 수준이 너무 낮다. 청년의 영성으로 회복되어야 한다.

선교의 시작점

마태복음 28:19에서 "너희는"은 예슈아가 그리스도라고 믿는 열한 제자를 말한다. 그들은 모두 유대인 그리스도인들이다. 또한 사도행전 1장에서 부활하신 예수님은 승천을 앞두고 사도들에게 "예루살렘을 떠나지 말고 내게서 들은바 아버지의 약속하신 것을 기다리라"고 하셨다. 아버지의 약속은 예수 그리스도가 주실 성령세례를 가리킨다. 그들이 다시 모였을 때 제자들이 "주께서 이스라엘 나라의 회복하실 때가 언제냐"고 묻자 예수님은 "때와 시기는 아버지께서 자기의 권한에 두셨으니 너희가 알 바 아니라"고 하면서 그들에 선교 명령을 내리셨다.

오직 성령이 너희에게 임하시면 너희가 권능을 받고 예루살
렘과 온 유대와 사마리아와 땅끝까지 이르러 내 증인이 되리
라.

여기서 "너희"는 예수님의 열두 사도를 포함한 유대인 제자
들이다. 예수님의 말씀에 의지해서 120명의 제자가 마가의 다
락방에 모여서 기도에 힘썼다. 그리고 성령세례를 받았다. 부
활하신 예수님이 승천을 앞두고 하신 선교 명령의 시작점은 열
두 사도를 포함한 120명의 유내인 제자들이다. 그리고 그들의
선교지는 그들이 있는 예루살렘에서 시작하여 온 유대와 사마
리아와 땅끝까지이다. "땅끝까지"라는 말은 모든 족속을 제자
삼으라는 말과 같다. 모든 족속을 제자 삼는 것은 곧 모든 족
속을 사랑하는 것이다. 영혼에 대한 사랑이 없이는 모든 족속
을 제자 삼는 일은 불가능하다.

선교는 불신자들인 돌감람나무의 가지들이 참감람나무인 예
수 그리스도에 접붙임을 받게 하는 것이다. 원래 참감람나무의
가지였던 유대인 중 일부가 꺾이고 그 자리에 돌감람나무였던

이방인들을 붙여서 구원받은 하나님의 백성이 되게 하셨다. 원래 참감람나무의 가지였다가 꺾여진 이스라엘 백성들을 구원하기 위함이다.

24)네가 원 돌감람나무에서 찍힘을 받고 본성을 거슬러 좋은 감람나무에 접붙임을 받았으니 원가지인 이 사람들이야 얼마나 더 자기 감람나무에 접붙이심을 받으랴. 25)형제들아 너희가 스스로 지혜있다 하면서 이 신비를 너희가 모르기를 내가 원하지 아니하노니 이 신비는 이방인의 충만한 수가 들어오기까지 이스라엘의 더러는 우둔하게 된 것이라. 26)그리하여 온 이스라엘이 구원을 받으리라.

바울은 예수 그리스도 십자가의 구속이 유대인과 이방인의 막힌 담을 헐고 하나가 되게 하기 위함이라고 말한다.

14)그는 우리의 화평이신지라 둘로 하나를 만드사 원수 된 것 곧 중간에 막힌 담을 자기 육체로 허시고 15)법조문으로 된 계명의 율법을 폐하셨으니 이는 이 둘로 자기 안에서 한 새 사람을 지어 화평하게 하시고 16)또 십자가로 이 둘을 한 몸으로 하나님과 화목하게 하려 하심이라. 원수 된 것을 십자가로 소멸하시고

유대의 교회에서 시작된 복음이 열방의 모든 사람에게 전해진다. 그리고 다시 예루살렘으로 돌아와서 믿지 않는 유대인들을 구원하여 유대인과 이방인이 그리스도 안에서 하나가 되게 한다. 이것이 선교의 목표이다. 성경에는 예루살렘에서 시작된 복음이 열방을 거쳐 다시 예루살렘으로 돌아올 거라는 말씀이 많이 기록되어 있다. 중요한 몇 구절을 보면 다음과 같다.

사도행전 1:10~11

10)올라가실 때 제자들이 자세히 하늘을 쳐다보고 있는데 흰 옷 입은 두 사람이 그들 곁에 서서 11)이르되 갈릴리 사람들아 어찌하여 서서 하늘을 쳐다보느냐? 너희 가운데서 하늘로 올려지신 이 예수는 하늘로 가심을 본 그대로 오시리라 하였느니라."

스가랴 14:4

그날에 그의 발이 예루살렘 앞 곧 동쪽 감람산에 서실 것이요. 감람산은 그 한 가운데가 동서로 갈라져 매우 큰 골짜기가 되어서 산 절반은 북으로, 절반은 남으로 옮기고

계시록 7:3~4,9,14

3)이르되 우리가 우리 하나님의 종들의 이마에 인치기까지 땅이나 바다나 나무들을 해하지 말라 하더라. 4)내가 인침을

받은 자의 수를 들으니 이스라엘 자손의 각 지파 중에서 인침을 받은 자들이 십사만 사천이니... 9)이 일 후에 내가 보니 각 나라와 족속과 백성과 방언에서 아무도 능히 셀 수 없는 큰 무리가 나와 흰옷을 입고 손에 종려 가지를 들고 보좌 앞과 어린 양 앞에 서서... 14)내가 말하기를 내 주여 당신이 아시나이다 하니, 그가 나에게 이르되 이는 큰 환난에서 나오는 자들인데 어린 양의 피에 그 옷을 씻어 희게 하였느니라.

요한계시록 14:1,4,14~16

1)또 내가 보니 보라 어린 양이 시온산에 섰고 그와 함께 십사만 사천이 서 있는데 그들의 이마에는 어린 양의 이름과 그 아버지의 이름을 쓴 것이 있더라... 4)이 사람들은 여자와 더불어 더럽히지 아니하고 순결한 자라. 어린 양이 어디로 인도하든지 따라가는 자며, 사람 가운데에서 속량함을 받아 처음 익은 열매(유대인들 대표)로 하나님과 어린 양에게 속한 자들이니... 14)또 내가 보니 흰 구름이 있고 구름 위에 인자와 같은 이가 앉으셨는데, 그 머리에는 금 면류관이 있고 그 손에는 예리한 낫을 가졌더라. 15)또 다른 천사가 성전으로부터 나와 구름 위에 앉은 이를 향하여 큰 음성으로 외쳐 이르되, 당신의 낫을 휘둘러 거두소서. 땅의 곡식이 다 익어 거둘 때가 이르렀음이니이다 하니 16)구름 위에 앉으신 이가 낫을 땅에 휘두르매 땅의 곡식이 거두어지니라.(두 번째 익은 열방 열매)

사역자의 영성

청년의 영성

청년의 영성이란 마음 중심에서 하나님의 말씀이 경험된 자의 영성을 말한다. 충성(忠誠)의 한자는 中+心+言+成이다. 마음 중심에서 하나님의 말씀을 경험한 자가 하나님께 충성할 수 있다.

요한일서 2:14

아이들아, 내가 너희에게 쓴 것은 너희가 아버지를 알았음이요. 아비들아, 내가 너희에게 쓴 것은 너희가 태초부터 계신 이를 알았음이요. 청년들아, 내가 너희에게 쓴 것은 너희가 강하고 하나님의 말씀이 너희 안에 거하시며 너희가 흉악한 자를 이기었음이라.

말씀으로 마음에 숨은 우상 안에 있는 흉악한 마귀를 이기

는 경험을 말한다. 그래야 하나님이 믿어주시는 청년의 영
성을 가진 사역자가 된다.

사심(私心)이 아닌 공심(公心)

사심은 자기 욕심을 채우려는 사사로운 마음을 뜻한다. 신학
적인 사심은 이스라엘을 교회로 대체한 로마 제국주의적인 해
석이다. 이러한 해석이 2000년 가까이 교회 신학을 지배하여
왔다. 신앙적인 사심은 자기중심적인 신앙을 말한다.

한국교회의 신학은 미국 선교사들의 영향으로 개인주의
적인 경건주의 영성에 바탕을 둔다. 개인 구원에 초점을 맞
춘다. 하지만 성경에는 개인 구원에 대한 구절이 거의 없
다. 대부분 하나님 나라의 회복을 말한다.

사도행전 1:6

이스라엘 나라를 회복하심이 이때입니까?

성경은 깨끗한 벽돌 하나에 관심을 두지 않는다. 모퉁이 돌
되신 예수님을 중심으로 벽돌 하나하나가 집을 이루어가는
것이 교회이다(엡2:20). 예수님의 십자가의 죽음은 나 하나

를 구원하려 하심이 아니라 아브라함에게 약속하신 것처럼 이스라엘과 온 열방을 예수님이 품에 품고 아버지에게로 가는 것이 목적이다(엡2:14~16). 아무리 개인적으로 깨끗하다 할지라도 주님의 경륜과 섭리 가운데 교회의 몸이 되지 못한다면 하나님의 나라와 상관이 없는 자기 나라를 이루는 버림받은 자가 될 수 있다.

공심은 원뉴맨(One new Man) 교회의 회복을 말한다. 교회론적으로는 예수 그리스도의 신부가 되는 것이다. 창세기에서 하나님이 아담의 갈비뼈를 취하여 여자를 만들고 둘이 한 몸이 되게 한 것은 예수 그리스도의 신부가 된 교회의 모형이다.

창세기 2:23~24

아담이 이르되 이는 내 뼈 중에 뼈요 살 중의 살이라 이것을 남자에게서 취하였은즉 여자라 부르리라 하니라. 이러므로 남자가 부모를 떠나 그의 아내와 합하여 둘이 한 몸을 이룰지니라

예수 그리스도의 신부가 된 교회는 땅끝까지 예수 그리스도의 증인이 되어야 한다. 하나님은 예수 그리스도의 신부가 된 교회에 성령의 권능을 주신다.

사도행전 1:6~8

6)그들이 모였을 때에 예수께 여쭈어 이르되 주께서 이스라엘 나라를 회복하심이 이 때니이까 하니 7)이르시되 때와 시기는 아버지께서 자기의 권한에 두셨으니 너희가 알 바 아니요 8)오직 성령이 너희에게 임하시면 너희가 권능을 받고 예루살렘과 온 유대와 사마리아와 땅끝까지 이르러 내 증인이 되리라 하시니라.

열방 교회인 너희들은 이스라엘 유대인 형제들과 열방 형제들을 네 몸과 같이 사랑해야 한다. 나의 증인이 되라는 주님의 말씀이다.

사역적인 공심

리더십의 공심

성경에서 리더십의 공심을 가장 잘 보여주는 실례는 구약에서는 모세이고 신약에서는 세례요한이다.

① 모세

민수기 11:26~29

26)그 기명 된 자 중 엘닷이라 하는 자와 메닷이라 하는 자

두 사람이 진영에 머물고 장막에 나아가지 아니하였으나 그들에게도 영이 임하였으므로 진영에서 예언한지라 27)한 소년이 달려와서 모세에게 전하여 이르되 엘닷과 메닷이 진중에서 예언하나이다 하매 28)택한 자 중 한 사람 곧 모세를 섬기는 눈의 아들 여호수아가 말하여 이르되 내 주 모세여 그들을 말리소서 29)모세가 그에게 이르되 네가 나를 두고 시기하느냐 여호와께서 그의 영을 그의 모든 백성에게 주사 다 선지자가 되게 하시기를 원하노라.

② 세례요한

요한 1:35~39

35)또 이튿날 요한이 자기 제지 중 두 사람과 함께 섰다가 36)예수께서 거니심을 보고 말하되 보라 하나님의 어린 양이로다 37)두 제자가 그의 말을 듣고 예수를 따르거늘 38)예수께서 돌이켜 그 따르는 것을 보시고 물어 이르시되 무엇을 구하느냐 이르되 랍비여 어디 계시오니이까 하니(랍비는 번역하면 선생이라) 39)예수께서 이르시되 와서 보라 그러므로 그들이 가서 계신 데를 보고 그날 함께 거하니 때가 열 시쯤 되었더라.

모세와 세례요한처럼 자기를 따르는 사람들을 예수님께 오게 하고, 예수님을 보게 하고, 예수님을 따르게 하고, 예수님과 함께 거하게 하고, 자기는 사라지는 목양관이 공심의 목양관이다.

반면에 구약에 나오는 사울과 압살롬은 사심의 리더십의 실례이다. 사울은 사람의 마음을 빼앗으려 했으며, 압살롬은 백성의 마음을 빼앗으려 했다. 이것은 사역자들 속에 있는 우상이 하는 짓이다. 이것을 수술하지 않으면 하나님이 일꾼으로 쓸 수 없다.

팔로워십(Followership)의 공심

팔로워십이란 어떤 개인이 자신이 속한 조직이나 팀 또는 무리에서 맡은 역할을 뜻한다. 다른 뜻으로 한 개인이 지도자를 따르는 능력을 말하기도 한다. 리더십에 대응하는 사회적 상호작용의 과정으로 볼 수 있다. 성경의 대표적 예는 기드온의 300 용사이다.

사사기 7:15~18

15)기드온이 그 꿈과 해몽하는 말을 듣고 경배하며 이스라엘 진영으로 돌아와 이르되 일어나라. 여호와께서 미디안과 그 모든 진영을 너희 손에 넘겨주셨느니라 하고 16)삼백명을 세 대로 나누어 각 손에 나팔과 빈 항아리를 들리고 항아리 안에는 횃불을 감추게 하고 17)그들에게 이르되 너희는 나만 보고 내가 하는 대로 하되 내가 그 진영 근처에 이르러서 내가 하는 대로 너희도 그리하여 18)나와 나를 따르는 자가 다

나팔을 불거든 너희도 모든 진영 주위에서 나팔을 불며 이르기를 여호와를 위하라, 기드온을 위하라 하니라.

팔로워십의 공심은 리더십의 비전과 함께하는 일꾼들이다.

"여호와를 위하라. 기드온을 위하라."

기드온을 위하는 것이 여호와를 위하는 것이다.

팔로워십의 공심을 가진 일꾼이 되려면 두려움이 없어야 한다. 사명을 버리지 않고, 은사를 팽개치지 않고, 시선은 내 갈증과 욕구가 아니라 하나님과 권위자를 바라보아야 한다. 사명을 붙들고 은사를 공적으로 사용해야 한다.

공심의 그릇을 넓히는 과정

일 잘한 후에 칭찬보다 야단맞는 것이 수지맞는 장사가 될 수도 있다(눅17:7~10). 공심의 그릇을 넓히려면 어떤 상황에서도 윗사람의 말에 복종해야 한다. 군사훈련처럼 위의 권위에 순종하고 복종하는 것을 철저히 배워야 한다. 위의 권위 밑에 있기를 싫어하는 팔로워십 일꾼은 리더십 일꾼이 될 수 없다.

리더십과 팔로워십의 관계의 공심

리더십과 팔로워십이 사심의 관계가 되면 안 된다. 성령께서 사역을 결산하실 때 사심이 연결된 만큼 고통이 따른다. 고라의 패역 사건은 사심이 들어간 결과이다. 고라의 무리에 들어가서 고라를 따라 모세와 아론을 거스린 250명의 무리들은 고라와 함께 패망하였다(민26:9~10).

연합의 영성

시편 133:1~3

1)보라 형제가 연합하여 동거함이 어찌 그리 선하고 아름다운고 2)머리에 있는 보배로운 기름이 수염 곧 아론의 수염에 흘러서 그의 옷깃까지 내림 같고 3)헐몬의 이슬이 시온의 산들에 내림 같도다 거기서 여호와께서 복을 명령하셨나니 곧 영생이로다

디모데후서 2:20~22

20)큰 집에는 금 그릇과 은 그릇뿐 아니라 나무 그릇과 질그릇도 있어 귀하게 쓰는 것도 있고 천하게 쓰는 것도 있나니 21)그러므로 누구든지 이런 것에서 자기를 깨끗하게 하면 귀히 쓰는 그릇이 되어 거룩하고 주인의 쓰심에 합당하며 모든

선한 일에 준비함이 되리라. 22)또한 너는 청년의 정욕을 피하고 주를 깨끗한 마음으로 부르는 자들과 함께 의와 믿음과 사랑과 화평을 따르라

CHAPTER 14

작은 교회 회복의 성장원리

진지를 구축하라

진지구축은 작은 교회 목양력 구축이다. 적군의 공격에 노출되면 안 된다. 지금은 노출하면 안 되는 시기이다. 30~40년 전의 목양은 에베레스트 등정을 앞두고 베이스캠프에서 큰 텐트를 치고, 라디오 듣고, 샤워하고, 고기를 구워 먹는 분위기였다면, 지금은 정상 등정을 앞둔 4캠프에 와있다. 눈보라가 거세고 폭풍이 심하다. 따라서 텐트 크기도 달라져야 하고, 텐트 안의 인원도 달라져야 한다. 천원을 가지고 천오백원 있는 것처럼 과시하는 것은 그런대로 애교로 봐줄 수 있다. 그러나 천원 가지고 만원을 가진 척하면 심각한 영적 문제이다. 그런 교회나 종들은 다 눈 폭풍에 휩쓸려 사라진다.

홈페이지 만들고 설교 동영상 만드는 것도 지혜롭게 해야 한다. 사명이 있는 교회는 해야겠지만 모두 하려 하면 안 된다. 너무 많은 에너지와 비용이 들어간다. 가나안 신자(교회에 안 나가는 신자)를 더 많이 만드는 역할을 할 뿐이다. 또한 설교를 골라 듣는 무늬만 교인들을 만든다. 예배는 현장에서 해야 정상적인 예배이다.

대장간을 만들라

교회를 대장간으로 만들고 대장장이들을 키워야 한다.

대장간(철공소)은 무기를 만드는 장소이다.

대장장이는 불을 다룰 수 있는 기술이 있어야 한다.

불의 의미와 성질을 알아야 한다.

시내산에서 여호와의 불이 나와 돌판에 십계명을 기록할 때 각 계명마다 메시지가 있었다.

불은 하나님의 의식이다. 하나님의 생각이다.

연단을 받고 말씀을 경험하고 이어서 연단을 받고 은사를 경험하는 사역자가 있다. 반면에 연단을 받고 은사를 먼저 경험한 이후 연단 받고 말씀을 경험하는 사역자들이 있다.

쇠를 단련할 수 있는 기술이 있어야 한다.

마음을 두드려온 연단의 시간을 겪은 자들이 대장장이가 될 수 있다. 다른 대장장이를 세울 수 있다. 대장간은 이런 십자가와 부활의 은총을 경험한 대장장이 2~3명이 모인 셀처치(Cell church) 대장간이 되어야 한다.

사무엘상 13:19~22

19)그때에 이스라엘 온 땅에 철공이 없었으니 이는 블레셋 사람들이 말하기를 히브리 사람이 칼이나 창을 만들까 두렵다 하였음이라 20)온 이스라엘 사람들이 각기 보습이나 삽이나 도끼나 괭이를 벼리려면 블레셋 사람들에게로 내려갔었는데 21)곧 그들이 괭이나 삽이나 쇠스랑이나 도끼나 쇠채찍이 무딜 때에 그리하였으므로 22)싸우는 날에 사울과 요나단과 함께 한 백성의 손에는 칼이나 창이 없고 오직 사울과 그의 아들 요나단에게만 있었더라.

사울 왕 당시 이스라엘의 문제점은 대장장이가 없었다는 것이다. 대장간도 없었고 쇠를 만드는 기술도 없었다. 도구가 무디면 스스로 벼릴 수 없어서 블레셋 사람들에게로 내려갔다. 교회의 영성이 무뎌지면 날을 세우기 위해서 세미나나 집회에 참석하고 해외까지 나간다. 해외 외부 강사를 모셔와 큰 집회를 한다. 영성 단체들이 지금도 하는 방법이다. 이런 방법도 때에 따라 필요하겠지만 근본적인 문제 해결은 아니다. 교회가 대장간이 되어야 한다.

대장장이를 키우는 과정

성령세례를 받게 해야 한다

성령세례는 유월절 어린 양의 십자가 보혈의 은총을 인격적으로 만나는 사건이다. 그다음 성령님의 손길과 은사를 경험하게 해야 한다. 삶과 사역 안에서 살아계신 하나님이 내 육체와 마음을 세밀하고 자상하게 만지시는 경험이 있어야 한다.

말씀과 함께하는 경건훈련을 해야 한다

날마다 영성큐티 훈련을 해야 한다. 영성큐티 훈련이란 묵상한 말씀으로 기도하는 훈련이다. 말씀으로 쓰는 영성 일기는 자기 안에 숨은 마음을 보는 훈련과정이다.

예수님의 얼굴을 구하는 기도훈련을 하면 고요의 기도가 주는 지속적인 생수가 흐르기 시작한다. 은혜중독에 걸려 방황하는 것을 멈추게 된다. 목회가 사역 중심의 패러다임에서 예수님 중심으로 바뀌게 된다.

내면 영성이 우선되는 삶

리더와 동역자들은 내면 영성 80%, 사역 영성 20%의 패러다임이 되어야 한다. 그 이유는 영적 컨디션이 좋을 때가 내면 영성과 사역 영성의 비율이 80% 대 20%인데 시간이 가면서 그 비율이 70% 대 30%, 60% 대 40%, 50% 대 50%로 가게 된다. 그럴 때 자기 내면 문제의 심각성을 알아차리고 즉시 반응하여 회복으로 가게 된다. 그러나 사역 영성이 80%이고 내면 영성이 20%이면 시간이 지나면서 내면 영성과 사역 영성의 비율이 10% 대 90%, 5% 대 95%, 0% 대 100%가 되어 2~3년도 가지 않아 자신의 부족함을 각성하게 된다. 하지만 각성하자마자 번아웃(burn out)이 되어 나가떨어지게 되고, 회복이 매우 힘들게 된다. 통계를 보면 개교회 사역에서는 5~7년 정도 지나면 그런 현상이 나타나고, 외부에서 사역하는 교회나 단체는 2~3년에 그런 증상이 나타난다. 나를 단련시키면서 경험하게 하신 성령께서 가르쳐주신 목양 영성이다.

예수님과 친밀한 관계의 영성이 생활화되어야 한다. 예수님의 영이신 성령님과의 친밀함은 우리를 예수님 품으로 인도한다. 성령님께 집중하는 사역자들은 주로 능력에 집중하는 사례들이 많다. 교회사적 이단은 대부분 성부 중심이나 성령 중심일 때 나온다. 몬타누스나 유니테리언이 대표적 예이다. 하지만 예수님이 중심이 되면 이단에 빠지지 않는다. 왜냐하면 예수님 중심이 삼위일체 하나님이 원하는 목적과 뜻이기 때문이다. 사명과 사역에 몰두하다 보면 성령님께 집중하게 된다. 반면에 예수님께 집중하는 기도는 내면 영성을 갖게 한다.

기도의 우물을 파라 – 부흥의 샘터

창세기 26:14~33을 보면 이삭과 이삭의 종들이 한 일은 우물 파기였다. 방해가 많았다. 방해자들이 아브라함의 종들이 판 모든 우물을 막고 흙으로 메웠다. 다시 팠으나 그랄 목자들이 다툼(에섹)을 일으킨다. 또다시 다툼이 일어나 우물 이름을 '대적'(싯나)이라고 지었다. 그 과정을 거쳐 르호봇이 되었다. "여호와께서 우리를 위해 넓게 하셨으니 우리가 번성하리로다." 더이상 대적이 없다. 브엘세바에 큰 우물을 팠을 때는 아비멜렉과 군대장관이 찾아와 화친을 맺는다. 기도하는 과정도 마찬가지이다. 많은 저항과 대적의 과정이 지나면 르호봇, 브엘세바처럼 지경이 넓어지고 회복의 과정으로 넘어가는 경험을 한다.

재정회복을 경험하라

선교단체에서는 재정훈련이 가능하다. 마음의 준비를 한 헌신자들은 훈련받을 때 물질과 소유를 다 버린 후 믿음으로 사는 훈련을 받는다. 하지만 지역교회에서 가장 어려운 훈련은 재정훈련이다. 가장 나중에 할 수 있는 훈련이기도 하다. 맘몬의 꽃인 신용카드 때문이다. 20년 전에 중국 가정교회 선교사이신 고 장재혁목사님이 연합부흥회 때 맘몬의 꽃인 신용카드를 잘라내라고 하였다. 하지만 그때 나는 도저히 자를 수 없었다. 왜냐하면 카드 돌려막기를 하고 있었기 때문이다. 연합한 종들은 당시 부흥이 오면 한 방에 성령님이 해주실 것을 믿었다. 하지만 성령님은 한 방이 없다는 것을 알게 하셨다. 결국 파산했고 면책의 시간을 겪게 하셨다.

빚의 영이 떠나야 한다.

하나님과 바알 사이에서 머뭇머뭇하려느냐?

교회와 개인이 가난하게 지내는 것은 하나님의 뜻은 아니다. 가난하게 된 것은 머뭇머뭇하기 때문이다. 교회가 하나님께 쓰임 받으려면 맘몬의 영의 영향력에서 벗어나야 한다. 빚의 영향력에서 벗어나야 한다.

전도하는 삶

커피콩을 따는 농부와 찻잎을 따는 아낙네가 되어야 한다. 익은 것을 따는 게 전도이다. 안 익은 것을 따면 효율성이 적다. 청년 농부는 협동조합을 이루면서 일한다. 익은 영혼을 볼 수 있는 안목을 경험해야 한다. 20~30년 전의 전도 패러다임은 신자들을 전도하도록 부담을 주고, 달달 볶아서 의무적으로 전도하게 하고, 숙제를 내주고 밀어붙이는 식으로 많이 했다. 나 역시도 그 가운데 있었다. 지나고 보니 내 속에 빨리 부흥 성장하고 싶은 탐심이 있었음을 깨달았다. 지금 시대에는 전도 패러다임이 바뀌어야 한다. 전도는 즐거운 것이고 재미있는 것이라는 경험을 하게 해야 한다. 전도는 익은 영혼을 찾아내는 게임이다. 정말 재미가 있고, 성령님이 함께 하심을 경험하게 된다. 목회자와 신자들이 먼저 성령으로 전도되어야 한다. 내가 전도된 만큼 성령님이 영혼들을 붙이신다.

작은 교회 플랫폼을 만들라

SCPM (Small Church Platform Ministry)

하나님의 마음이 머무는 곳에 나의 마음이 가는 것이 선교이다. 이 시대의 교회론에 눈이 열려야 한다. 2010년이 지났음에도 이 눈이 열리지 않으면 날개 한쪽을 잃은 독수리와 같다. 열심히 날려고 하면 할수록 빙빙 돌아 어지러워 쓰러진다. 영성 사역을 열심히 하던 자매 목사가 있었다. 하나님은 그녀가 한 날개가 부러진 상태임을 알게 하셨다.

성경에 개인 구원에 관한 구절이 얼마나 있는가를 점검해 보자. 성경은 개인 구원보다 하나님의 나라에 대한 기록이다. 이스라엘과 열방의 회복에 대해 기록한다. 구원은 유대인에게서 난다. 한국교회의 선교는 미국 선교사들의 영향을 많이 받았다. 개인주의이고 보수적이고 내세적이다. 특히 세대주의 복음의 영향을 많이 받고 있다. 경건 영성도 자신을 정결하게 하는 성결에 관심이 있다. 하지만 하나님의 나라의 관점에서 보면 깨끗해진 벽돌 한 장이 집을 이루는 벽돌이 되지 않으면 무슨 소용이 있는가? 성경은 모퉁이돌 되신 예수님을 중심으로 서로서로 연결하여 하나 되는 예수님의 몸인 교회공동체를 강조한다. 교회는 이 시대의 실제적인 형제 사랑의 눈이 열려야 한다. 야곱이 에서에게 "형님을 보니 하나님을 본 것 같습니다"라고 한 것처럼 가슴으로 하나가 되는 경험을 해야 한다. 그래야 플랫폼 선교가 된다.

교회는 Para Church의 역할을 가지고 있어야 한다. 소위 복음주의 4인방 목사라고 하는 하용조목사, 홍정길목사, 옥한흠목사, 이동원목사가 섬기던 교회들의 약진은 파라처치의 기능이 목양의 구조 안에 살아있기 때문이다. 예를 들면 한인 유학생 선교운동단체인 KOSTA는 홍정길목사, 이동원목사가 섭리 가운데 순종하여 이루게 된 플랫폼 사역이다.

앞으로 20~30년은 작은 교회들이 서로 동역하는 연합 파라처치 무브먼트가 일어날 것이다. 플랫폼 패러다임과 플랫폼 경제가 2001년 이후로 강세로 드러나고 있다. 세상은 벌써 마지막 때의 원리를 잘 알고 시대에 잘 반응하면서 준비하고 있다.

교회도 시대에 맞추어 영적인 시대 전략을 준비해야 한다.

선교적 플랫폼을 교회들이 만들어야 한다. 혼자만 성장하고 구멍가게 운영에만 힘쓰는 시대는 지났다. 깨끗한 마음으로 주님을 찾는 자들과 동역해야 한다. 그래야 성령님이 기름을 부어주신다. "형제가 동거하며 연합함이 어찌 그리 아름다운고"

10대 20대 30대 청년 리더십을 세우라

기존의 제자훈련 방식으로는 힘든 시대가 되었다. 이 시대의 방식으로 청년들을 먹여야 한다. 현재 우리나라의 작은 교회 목양 환경에서는 청년들을 깨우기가 힘들다. 아브라함의 원리, 요셉의 원리대로 우상 더미에서 끄집어내어 광야에서 일하시는 이 시대 하나님의 손길과 마음을 경험케 해야 한다.

그동안 6년간 ILP(I love Pastor, 대표 손종원목사) 플랫폼 교회 청년들과 함께하는 ILP Explosion 선교를 경험하였다. 개교회에만 있으면 우물 안 개구리처럼 시대의 변화를 잘 느끼지 못한다. 개교회라는 우물 안에서 끌어내어 연합으로 해외에서 공동체 선교사역을 하게 해야 한다. 그래야 개교회 청년들이 잠에서 깨어나고 생명이 살아난다. 특히 PK(Pastor Kids)

와 MK(Missionary Kids)인 목회자 자녀들, 선교사 자녀들, 교회 제직 자녀들에게 많은 각성과 변화가 일어나야 한다. 성령께서는 부흥 세대를 책임지는 이들의 리더십을 세워주신다.

요즈음 쓰임 받는 리더십을 보면 하나님은 목사들을 잘 세우지 않는 것 같다. 도리어 평신도 리더십이나 디아스포라 리더십이 쓰임을 받는다. 하나님은 자기를 드러내는 데 관심이 적은 자들을 사용하신다. 어떤 운동을 목사 리더십이 하면 사람들은 경계한다. "저거 또 자기 사역으로 몸집을 불리려는 게 아니야?"라고 의심한다. 지난 20~30년간의 교회 리더십은 청소년 수준의 영성이었기에 명예의 문제나 분열의 문제가 생기곤 하였다. 오늘날 교회의 리더십에 흠결이 보이는 것도 이러한 여파이며 정화의 기간으로 볼 수 있다.

하나님은 한국교회를 반드시 이 시대에 쓰실 것이다. 가톨릭이나 불교는 자기방어 능력이 뛰어나다. 그만큼 조직력도 뛰어나다. 그래서 자체의 허물과 죄악을 스스로 감추는 데 능숙하다. 이것은 장점처럼 보이지만 그렇지 않다. 영적으로 가톨릭은 바벨론 종교로 가고 있다. 그들이 은밀히 행하는 것을 하나님은 내버려 두신다. 반면에 매를 많이 맞는 개신교회는 망하는 것 같지만 그렇지 않다. 하나님이 공의의 회초리를 때리시지만, 사랑을 입히고 정결하게 만드신다. 하나님은 우리나라 개신교회들을 특별히 사랑하신다. 하나님이시면서 사람이신 예수님을 생명 내놓고 사랑하는 교회들이 쓰임을 받는다.

영적 연금보험을 들어라

사람들은 은퇴 이후를 위해 연금을 들고 보험을 든다. 은퇴 이후를 위한 연금보험도 중요하지만, 그보다 더 중요한 것은 영적인 연금보험을 드는 것이다. 이를 위해 우리는 성령님과 친밀함의 영성을 매일 준비해야 한다. 세상 사람들은 은퇴 후에 연금을 받더라도 할 일이 없어서 외롭고 심심하다. 하지만 영적 연금보험을 든 사람들은 은퇴 이후에 더 쓰임을 받을 수 있다. 선교지에 매년 사역의 보험을 들어라. 교회들을 도와라. 불의한 재물로 친구를 사귀라.

추수할 일꾼들을 보내주소서

겨자씨 비유와 누룩의 비유는 메가처치 패러다임에서 작은교회 중심의 부흥 패러다임으로의 전환을 보여준다. 2016년 11월 27일 조이어스교회 G권사의 간증을 들었다. 이때 하나님은 내게 힌트를 주셨다. 조이어스교회 중보자들 이렇게 기도한다. "교회에 준비되지 않은 일꾼들이 너무 많이 오고, 나가고 합니다. 준비된 동역자들을 보내주세요." 이 기도로 50여 명의 준비된 동역자들이 오게 되었다고 한다. 이 간증을 들을 때 성령께서는 내게 "준비된 동역자들을 보내달라고 추수할 일꾼을 보내달라고 기도하라"는 감동을 주셨다.

김향자전도사가 꿈을 꾸었다. 조이어스교회에서 두세 명의 중진 일꾼이 먼저 오고, 여섯 일곱 명의 등산복을 입은 자들이 들어와서 차를 마시면서 "여기는 너무 편안하다"라고 하였다. 2017년에 보내주실 일꾼들에 대한 힌트가 여기에 있다. 2016년에 유기농 사과 두 개와 한입 베어 문 능금 여섯 일곱 개 중에서 7명을 보내주셨다.

2016년 12월 27일 감찰 모임에서 B목사가 감찰보고를 하였다. 그동안 장년 신자도 없고 주일학교 대상으로 전도했는데 중학교에 올라가면 나오지 않는다는 것이다. "올해 10명 보내주지 않으면 목회 접고 부사역자로 가겠습니다"라고 간구했더니 하나님이 20명을 보내주셨다고 했다.

추수할 일꾼을 보내달라고 기도해야 한다.

CHAPTER 16

작은 교회 리더십의 하박국 영성

정한 때를 더딜지라도 기다리라

하박국 선지자의 호소는 평생 소수의 작은 교회 현실을 벗어나지 못하는 목양자의 호소이다.

하박국 1:15~17

15)그가 낚시로 모두 낚으며, 그물로 잡으며, 투망으로 모으고 그리고는 기뻐하고 즐거워하여 16)그물에 제사하며 투망 앞에 분향하오니 이는 그것을 힘입어 소득이 풍부하고 먹을 것이 풍성하게 됨이니이다. 17)그가 그물을 떨고는 계속하여 여러 나라를 무자비하게 멸망시키는 것이 옳으니이까

하박국 2:1~3

1)내가 내 파수하는 곳에 서며 성루에 서리라. 그가 내게 무엇이라 말씀하실는지 기다리고 바라보며 나의 질문에 대하여 어떻게 대답하실는지 보리라 하였더니 2)여호와께서 내게 대

답하여 이르시되 너는 이 묵시를 기록하여 판에 명백히 새기되 달려가면서도 읽을 수 있게 하라. 3)이 묵시는 정한 때가 있나니 그 종말이 속히 이르겠고 결코 거짓되지 아니하리라 비록 더딜지라도 기다리라 지체되지 않고 반드시 응하리라.

너는 이 묵시를 기록하라. 겨자씨 비유와 누룩의 비유를 판에 명백히 새기되 의식화하고 시대의 진리가 되게 하라. 정한 때가 있다. 비록 더딜지라도 기다리라. 기다리면서 내면 영성, 공동체의 영성으로 준비되어라. 반드시 응하리라. 말씀을 신뢰하라. 하나님을 신뢰하지 않는 언어가 너무 많다.

"이 시대에 전도가 되겠느냐?"

"신자들이 변화가 되겠느냐?"

"이 시대의 목양은 너무 어렵다."

"개척한다고 되겠느냐?"

하지만 주님이 함께하시고, 말씀이 능력으로 역사하면 된다. 바벨론 신앙의 본질은 맘몬과 쾌락의 신 바알과 아스다롯이다. 금송아지 주위를 돌며 기쁨과 감동으로 춤을 추지만 그것은 짝퉁 임재이다. 적그리스도와 거짓 선지자들이며, 거짓 평안이며 거짓 연합이다.

4)보라 그의 마음은 교만하며 그 속에서 정직하지 못하나 의인은 그의 믿음으로 말미암아 살리라. 5)그는 술을 즐기며 거짓되고 교만하여 가만히 있지 아니하고 스올처럼 자기의 욕심을 넓히며 또 그는 사망 같아서 족한 줄을 모르고 자기에게로 여러 나라를 모으며 여러 백성을 모으나니 6)그 무리가 다 속담으로 그를 평론하며 조롱하는 시로 그를 풍자하지 않겠느냐? 곧 이르기를 화 있을진저 자기 소유 아닌 것을 모으는 자여, 언제까지 이르겠느냐. 볼모 잡은 것으로 무겁게 짐진 자여.

주님이 함께하지 않는 리더십은 마음이 교만하다. 정직하지 않다. 자기 생각으로 산다. 술을 즐기며 세상 영으로 취해 산다. 영적 ADHD(주의력결핍 과잉행동장애)이다. 안식을 경험한 적이 없기 때문이다. 스올처럼 자기의 욕심을 넓히면서 내면의 우상이 이끄는 대로 발산한다. 족한 줄을 모르고 만족을 누리지 못한다. 예수님 안에서 쉼을 얻은 경험이 없어서 그렇다. 남의 것을 취하고 외적인 사역을 자신의 영적 정체성으로 삼는다. "화 있을진저 자기 소유 아닌 것을 모으는 자여, 볼모 잡은 것으로 무겁게 짐진 자여"

7)너를 억누를 자들이 갑자기 일어나지 않겠느냐? 너를 괴롭힐 자들이 깨어나지 않겠느냐? 네가 그들에게 노략을 당하지 않겠느냐? 8)네가 여러 나라를 노략하였으므로 그 모든 민족의 남은 자가 너를 노략하리니 이는 네가 사람의 피를 흘렸음이요 또 땅과 성읍과 그 안의 모든 주민에게 강포를 행하였음이니라.

이런 일들은 갑자기 일어난다. 때가 이르렀다. 하나님이 70~80%의 작은 교회공동체를 통해 일하시는 때가 이르렀다.

"너를 괴롭힐 자들이 깨어나지 않겠느냐?"

20년 이상 성령님은 작은 교회 복양자들을 난련해 오셨다. 가지를 치시고, 회개하게 하시고, 낮추셨다. 이로 인해 남은 자들이 생겨났다. 내면에 숨은 우상인 바벨론 종교라는 내적 암을 도려낸 종들과 작은 교회들이 남은 자들이다.

70~80%의 무수히 많은 작은 공동체들과 목양자들이 있다. 하지만 내면에 바벨론 종교의 허무한 우상이 수술 되지 않으면 여전히 노예와 같은 삶을 살 수밖에 없다. 이 시대의 영성인 십자가와 부활의 영성으로 준비되어야 한다. 성령님은 성장주의 산물로 인해 대형화된 교회들의 날개를 부러뜨리고, 비만화

된 양들을 치유하신다. 시대의 양식을 잘 먹이고 무성한 자아의 가지를 잘 치라고 준비된 자들이 있다. 곤고하고, 환난을 받고, 빚지고, 원통한 자들이다. 하지만 사춘기 기간을 잘 견디면서 진리를 사모하고 예수님을 사모하는 영혼들이다. 하나님은 이들을 준비된 건강하고 튼튼한 작은 교회공동체에 보내기 시작하셨다. 남은 자들아, 준비하고 나아가라!

남은 자들의 시대적 영성 패러다임

하박국 3:1

여호와여 주는 주의 일을 이 수년 내에 부흥하게 하옵소서. 심판하옵소서. 이 수년 내에 나타내시옵소서.

주님, 제 안에 있으면서 계속 영향을 주는 바벨론 종교의 우상을 심판하옵소서. 지금까지 제게 행하신 심판은 참 잘하신 것입니다. 지금의 저의 환경은 분에 넘치는 주님의 자비이십니다. 진노 중에라도 긍휼을 잊지 마옵소서. 환난을 막상 겪으니 썩게 하는 것이 내 뼈에 있음을 알았습니다. 내 몸은 내 처소에서 떨립니다.

하박국 3:17

비록 무화과나무가 무성하지 못하며 포도나무에 열매가 없으며 감람나무에 소출이 없으며 밭에 먹을 것이 없으며 우리에 양이 없으며 외양간에 소가 없을지라도

막상 환난이 오니 나의 목양과 가정의 삶이 매우 힘들고 불편합니다. 하지만 삶의 불편함을 견디겠습니다. 내 안의 바벨론의 우상을 수술해주옵소서.

하박국 3:18~19

18)나는 여호와로 말미암아 즐거워하며 나의 구원의 하나님으로 말미암아 기뻐하리로다. 19)주 여호와는 나의 힘이시라. 나의 발을 사슴과 같게 하사 나를 나의 높은 곳으로 다니게 하시리로다.

좁은 영적인 시야, 자기중심적인 이기적 신앙의 시야에서 벗어나 더 넓은 영적 세계로 나를 이끄소서. 이 시대에 쓰임 받는 공적인 일꾼이 되게 하실 줄 믿습니다. 이를 위해 어떤 대가도 치르겠습니다. 나와 우리 교회를 고치소서.

잠언 9:10

여호와를 경외하는 것이 지혜의 근본이요 거룩하신 자를 아

는 것이 명철이니라

　지혜와 지식의 근원이신 아버지 하나님을 아는 것이 힘인 줄을 믿습니다. 지혜나 지식보다 아버지이신 예수님을 구하겠습니다. 아버지 예슈아의 얼굴을 구하고 싶습니다. 집중하는 은혜를 더하소서. 점심 식사할 때 아버지의 마음을 주시니 감사합니다. 주님만을 구합니다. 주님만을 원합니다. 사역도 주님이 여신 것만큼 감사하며 기쁨으로 섬기겠습니다. 지나친 욕심을 부리지 않겠습니다. 아버지 성령님, 저는 어린아이입니다. 저의 힘으로 할 수 있는 목양은 없습니다. 가르쳐주십시오. 성령님 한 걸음도 앞서 나갈 수 없습니다. 성령님이 한걸음 씩 인도해 주옵소서. 저는 그 길만 따라가겠습니다. 나의 평안이시며 생명이신 예수님, 성령님, 함께하시고 제게 많이 나타내 주옵소서.

2016. 11. 28(월)

CHAPTER 17

한사랑교회 목양 정체성

환난 시대를 대비하는 카타콤 교회

하나님은 세 종류의 양들을 보내주셨다. 느부갓네살의 무르익은 영혼, 사마리아 여인의 1차 사춘기를 겪으며 무르익은 영혼 그리고 2차 사춘기를 겪으며 무르익은 양들이다. 이들을 셀공동체에 소속하게 하고, 성령세례를 받은 양들과 함께 예배공동체에서 주님께 영광 돌리며 교제케 하였나. 성령세례란 10번째 장자의 재앙에서 유월절 어린양의 보혈을 지성적 각성과 인격으로 경험한 사건이다. 이런 자들이 예배할 수 있는 영혼이 된다. 내 백성은 광야에서 내 절기를 지킬 것이다. 환난 시대에는 이런 영혼이 아니면 안 된다. 예배에 참석한 후 마음이 변하여 대적자들에게 고발하면 많은 믿는 자들이 고난, 순교를 당한다. 익지 않은 영혼을 예배공동체에 데려오면 안 되는 이유이다.

교사는 아무나 전도하고 양육하면 안 된다. 무르익은 영혼, 하나님이 만지시는 영혼을 전도하고 양육하여 성령으로 세례받을 수 있게 해야 한다. 선불리 했다가는 대적자의 심문 끝에 다른 교회공동체 일원들 모두를 불게 되어 순교의 터로 가게 할 수 있다. 그들에게 성결 즉 주관적 십자가를 경험하게 하고 성숙에 이르도록 양육해야 한다. 영성을 훈련해야 한다. 이스라엘과 열방이 하나 되는 한 새사람을 이루는 교회론을 경험케 하여 봉사의 일을 하게 해야 한다.

요한 13:35
너희가(이스라엘과 열방) 서로 사랑하면 세상이 너희가 나의 제자인 줄을 알리라

이러한 성경적 교회를 이루도록 전도와 선교로 준비시켜야 한다. 작은 교회 부흥의 회복을 사명으로 감당케 해야 한다.

이것을 먹고 물 위에 던져라. 부흥의 회복으로 돌아오리라. 일곱이나 여덟에게 나누어주어라. 환난의 때가 옴이라.

한사랑교회 전도영성 영역

팔복(마5:1~16)

마태 5:3

심령이 가난한 자는 복이 있나니 천국이 그들의 것이요

전도 대상자의 기준과 무르익은 영혼의 기준 그리고 우리에게 보내주실 영혼들의 기준은 환난 받은 자와 빚진 자와 원통한 자와 마음의 쓴 뿌리가 무르익어간 자들이다.

마태 5:4

애통하는 자는 복이 있나니 그들이 위로를 받을 깃임이요

환난을 받고 빚을 지고 원통한 일을 당한 것이 누구의 탓도 아니다. 내 안의 죄성 때문임을 알게 해야 한다. 이파리 회개, 가지 회개, 줄기 회개를 하게 해야 한다. 죄사함과 내면을 치유하시는 성령님의 만지심을 경험하며 위로받게 해야 한다.

마태 5:5

온유한 자는 복이 있나니 그들이 땅을 기업으로 받을 것이요

1차 축복인 무엇을 먹을까, 무엇을 입을까, 무엇을 마실까 염려하지 말라. 이는 이방인의 가치관이다. 먼저 그의 나라와 그의 의를 구하라.

마가 4:2
저희가 곧 배와 아버지를 버려두고 예수를 따르니라.

2차 축복인 성결의 은총을 경험하면 지경이 넓혀진다.

역대상 4:10
야베스가 이스라엘 하나님께 아뢰어 이르되 주께서 내게 복을 주시려거든 나의 지역을 넓히시고 주의 손으로 나를 도우사 나로 환난을 벗어나 내게 근심이 없게 하옵소서 하였더니 하나님이 그가 구하는 것을 허락하셨더라.

마태 5:6
의에 주리고 목마른 자는 복이 있나니 그들이 배부를 것이요

주님의 은혜를 목말라 하고 사모하는 열정으로 성결의 은총을 경험한다. 생수의 은혜가 흐르기 시작하며 영혼의 만족을 경험하게 된다.

마태 5:7

긍휼히 여기는 자는 복이 있나니 그들이 긍휼히 여김을 받을
것임이요

성결의 은혜와 십자가의 주관적 은총을 경험하면 형제 사랑
이 열리게 된다. 비로소 형제를 긍휼히 여기는 은혜를 입는다.
선한 사마리아사람처럼 긍휼의 통로가 생긴다. 우리 한사랑교
회가 주님이 주신 은혜로 섬길 수 있는 영성의 영역이다.

마태 5:8~11

8)마음이 청결한 자는 복이 있나니 그들이 하나님을 볼 것임
이요. 9)화평하게 하는 자는 복이 있나니 그들이 하나님의 아
들이라 일컬음을 받을 것임이요. 10)의를 위하여 박해를 받은
자는 복이 있나니 천국이 그들의 것임이라. 11)나로 말미암아
너희를 욕하고 박해하고 거짓으로 너희를 거슬러 모든 악한
말을 할 때에는 너희에게 복이 있나니

8~11절의 영성은 장년 이상의 영성이지만 목표를 갖고 전
진하면 부분적인 적용은 될 수 있다.

한사랑교회는 세상의 소금이니

맛을 잃지 말아라.

맛을 잃으면 세상에 밟힌다.

한사랑교회는 세상의 빛이니

빛인 착한 행실로 사람 앞에 비치게 하라.

원뉴맨 교회

한사랑교회는 에베소서의 교회론인 원뉴맨, 한 새사람을 지향한다.

에베소 2:1

허물과 죄로 죽었던 우리를 살리셨도다

한사랑교회의 신앙적 바탕은 봉숭아 학당이다. 신앙적 뿌리가 없다. 당대에 처음 신앙생활을 한 사람이 대부분이다. 고린도교회와 정체성이 비슷하다. 설립 후 20여 년이 지났지만 육신적 신앙에서 못 벗어나는 한계가 있다. 이제 육신적인 신앙에서 벗어나야 하는 변화의 전환점에 서 있다. 우리 자신을 미화할 필요가 없다. 우리의 현실이며 열방교회의 특성이다. 율법 아래 있었던 적이 없다. 우상이 내 가문과 내 가정과 내 안에 있으면서 믿음의 여정이 시작된 것이다. 그래서 변화가 더디고 개혁이 너무나 힘들다.

에베소 2:2

그 때에 너희는 그 가운데서 행하여 이 세상 풍조를 따르고
공중의 권세 잡은 자를 따랐으니 곧 지금 불순종의 아들들
가운데서 역사하는 영이라.

고린도전서 3:1~2

1)형제들아 내가 신령한 자들을 대함과 같이 너희에게 말할
수 없어서 육신에 속한 자 곧 그리스도 안에서 어린 아이들
을 대함과 같이 하노라 2)내가 너희를 젖으로 먹이고 밥으로
아니하였노니 이는 너희가 감당하지 못하였음이거니와 지금
도 못하리라.

성결의 은혜를 받게 하는 교회

에베소서 2:13~15

13)이제는 전에 멀리 있던 너희가 그리스도 예수 안에서 그
리스도의 피로 가까워졌느니라 14)그는 우리의 화평이신지라
둘로 하나를 만드사 원수 된 것 곧 중간에 막힌 담을 자기
육체로 허시고 15)법조문으로 된 계명의 율법을 폐하셨으니
이는 이 둘로 자기 안에서 한 새 사람을 지어 화평하게 하시고

유월절 어린양의 보혈의 은총인 성령세례를 받게 하는 교회

이다. 주관적 십자가의 은혜, 성결의 은혜를 받게 하는 교회이

다. 우리처럼 변화 안 되는 자들, 우상을 안고 종교 생활하는 자들이 와서 비로소 철이 든 신앙이 되는 교회이다.

청년의 문으로 들어서는 지혜로운 다섯 처녀의 영성으로 준비되는 교회이다.

예수님께 마음으로 사랑을 드리는 구원의 노래를 부를 수 있는 교회이다.

형제 사랑을 경험케 하시는 성령님, 한 새사람을 이루시는 성령님의 인도하심을 받는 교회이다.

카타콤 전도영성

무명의 전도자는 자아~랑하지 않는다.

자신의 약함을 찢어내며 내 안에 계신 예수님을 드러나게 한다.

보석을 파는 상인은 보석을 막 보여주지 않는다.

진열대에 있는 것은 모조품이다.

보석을 감추어라.

가치를 아는 자에게만 보여주어라.

가치를 모르는 자에게는 강요하지 말아라.

가치를 모르는 익지 않은 자들에게 겸손과 미소로 대하라.

성령님은 예수님의 양들을 절대로 잃지 않으신다.

우리 교회에 보내실 준비된 양들이 있다.

예배하며 기뻐하며 감사하면서 지내면 분수에 맞게 영혼들을 보내신다.

예배자의 자세를 잃어버리면 균형이 깨진다.

사역에 속지 말아야 한다.

시대적 영성 명분

마태 22:9~14

9)네거리 길에 가서 사람을 만나는 대로 혼인 잔치에 청하여 오라 한 대 10)종들이 길에 나가 악한 자나 선한 사나 만나는 대로 모두 데려오니 혼인 잔치에 손님들이 가득한지라 11)임금이 손님들을 보러 들어올새 거기서 예복을 입지 않은 한 사람을 보고 12)이르되 친구여 어찌하여 예복을 입지 않고 여기 들어왔느냐 하니 그가 아무 말도 못하거늘 13)임금이 사환들에게 말하되 그 손발을 묶어 바깥 어두운 데에 내던지라 거기서 슬피 울며 이를 갈게 되리라 하나라 14)청함을 받은 자는 많되 택함을 입은 자는 적으니라.

네거리 길이란 2000년 사도행전의 열방교회 역사를 상징한다. 이방의 빛으로 역사하던 시기이며 한국교회가 부흥 성장하는 시기이기도 하다. 임금이신 성부 하나님의 초청은 자격도 없고 조건도 없는 초청이다(9절). 악한 자나 선한 자를 막론하고 만나는 대로 모두 교회로 데려오니 한국교회에 큰 성장이 이루어졌다. 1970~1990년대 급성장한 한국교회의 상황을 말해준다.

임금이신 성부 하나님의 중간결산이다. 손님들을 보러 들어올새 예복을 입지 않은 한 사람을 보고 "어찌 예복을 안 입었느냐?" 그가 아무 말도 하지 못하거늘 손발을 묶어 바깥 어두운 데에 내던지라. 어두운 세상으로 내던지라고 하신다. 1990년부터 혼인 잔치에 초청된 자 중에 예복이 준비되지 않은 자들을 임금님이 시켜서 교회 내에서 다 쫓아내었다.

20년간 560만 명이 쫓겨났다. 2005년 인구 센서스를 보면 기독교 인구가 869만 명으로 14만 4천이 줄어들었다. 이중 이단에 속한 자들을 200만 명으로 추산하면 순수 기독교인은 669만 명이다. 이 중에 출석 신자는 400~500여만 명 정도가 된다. 이 가운데 십자가의 은혜를 아는 자들을 30%로 보면 120~150여만 명이 구원받은 신자로 볼 수 있다. 성경적 근거는 이렇다.

8)여호와가 말하노라 이 온 땅에서 삼분의 이는 멸망하고 삼분의 일은 거기 남으리니 9)내가 그 삼분의 일을 불 가운데에 던져 은 같이 연단하며 금 같이 시험할 것이라. 그들이 내 이름을 부르리니 내가 들을 것이며 나는 말하기를 이는 내 백성이라 할 것이요. 그들은 말하기를 여호와는 내 하나님이시라 하리라.

교회 안에 남은 교인들 중에 잠재적 가나안 신자들도 꽤 많이 있다. 가나안 신자들은 교회 밖에서 방황하는 신자들이다. 이런 시대적 상황에서는 다독거려주는 목양이 아니라 "너희들도 가려느냐?"라고 하며 예복이 준비되지 않은(준비하려고 하지 않는) 자들을 내보내야 한다. 남은 삼 분의 일은 초보 신앙에 머무르게 하지 말고 말씀으로 단련하여 은 같은, 금 같은 시험을 거치게 해야 한다. 그래서 여호와 예수님만이 나의 하나님이라는 고백을 하도록 해야 한다. 이것이 환난 시대로 접어드는 7년 흉년 시대를 준비하는 카타콤 목양의 패러다임이다. 환난 시대의 전도 전략이기도 하다. 이제 교회도 구조조정을 할 때가 왔다.

에베레스트 등정으로 비유하면 1970~1990년대 교회성장의 절정기에는 베이스캠프의 큰 텐트에서 반 팔을 입고 음악을 듣고 바비큐를 구워 먹으면서 즐길 수 있었다. 하지만 지금은 정상을 앞두고 있다. 다시 오실 예수님이 코앞에 보이는 지점이다. 사탄도 최후의 발악을 하며 정치, 경제, 사회, 문화 모든 것을 동원해서 공격하는 시점이다. 이때 20~30여 전의 패러다임을 가지고 큰 텐트를 쳤다가는 광풍과 눈보라에 다 날아간다. 그런 교회가 얼마나 많은가? 20~30년 전에 과하게 탐심을 부리다가 지금 그 열매를 교회가 먹고 있다.

오늘날 작은교회 공동체가 살길은 이렇다. 눈에 띄는 텐트를 과감하게 숨겨야 한다. 없는 것처럼 지하로, 가정으로, 간판이 없는 무덤 카타콤으로 숨어 들어가야 한다. 1,000원밖에 없으면서 10,000원 있는 체했던 허례를 버려야 한다. 자랑하지 말아야 한다. 내면의 수치를 보면 어찌 자랑할 수 있을까? 수치를 보면서 부끄러워해야 한다. 긍휼을 구해야 한다. 불쌍히 여겨 달라고 구해야 한다. 자비를 베풀어 달라고 구해야 한다.

2010년을 지나면서 교회의 영성 구조는 예복을 입은 성도를 세워야 하는 책임이 부여되었다. 예복이란 세마포 입은 신자를 가리킨다. 깨끗한 세마포는 지혜로운 다섯 처녀의 영성을 가진 신자이다. 빛나고 깨끗한 세마포는 신부의 영성으로 준비된 성도이다. 이것으로 준비되어야 한다. 청함을 받은 자는 많으나 택함을 입은 자는 적다는 사실을 명심하라.

2015. 11. 19

한사랑교회 신자 서약서

나는 예수 그리스도를 나의 구세주와 주님으로 받아들이고 세례를 받았으며, 지난 5개월 동안 한사랑교회의 비전과 사명을 통해 기꺼이 마음으로 동의함으로, 나는 이제 한사랑교회의 한 몸을 이루는 지체가 되게 하시는 성령님의 인도하심을 확신합니다.

저는 이제 기쁠 때나 슬플 때나
환경이 좋을 때나 어려울 때나
주님의 몸인 한사랑교회의 지체가 되어서
서로 사랑하고 서로 기뻐하며
서로 위로하고 격려하고, 서로 돕는 한 가족이 됨을
하나님과 한사랑교회의 가족들 앞에서 마음으로 서약합니다.
이제 저는

하나. 한사랑교회 가족들과 하나 됨을 이루어 나갈 것입니다.

둘. 한사랑교회의 책임과 짐을 함께 나누어질 것입니다.

셋. 한사랑교회에서 성령님이 주신 은사대로 성실히 섬길
    것입니다.

넷. 예배 생활, 봉사 생활, 십일조와 헌금 생활과 매일의
    삶에서 주님과 함께하심을 잘 유지하여 성장, 성숙할
    것입니다.

다섯. 한사랑교회를 통해 베풀어 주시는 회복의 은총과
    축복을 감사히 받아 누릴 것입니다.

여섯. 누리는 복을 흘려주어 영혼들을 살리는 선교의 통로가
    될 것입니다.

2019년 11월 17일(주일) 서약자: 최 준 섭

신자 서약서를 하게 된 이유

15년간의 공의의 시간이 지나고 회복의 시즌에 한사랑교회
에 신겨주신 신발이다. 탕자 회복의 과정에서 신발을 신겨주셨
다. 우리에게 딱 맞을 뿐 아니라 가볍고도 튼튼한 명품신발이
다. 한사랑이 전할 수 있는 전문성을 가진 전도 양식이다. 왕

에게 진상할 과실이다. 복음이신 예수님을 값싸게 전하지 말자. 보석처럼 진주 장사처럼 가치있게 예수님을 전하자. 복음의 주도권을 가지고 전하자.

노아 방주의 구조는 3층으로 되어있다. 천국도 1층천, 2층천, 3층천의 구조로 되어있다. 신자들도 1층천 신자, 2층천 신자. 3층천 신자로 되어있다. 그래서 목양도 투트랙, 쓰리트랙으로 해야 한다. 1층천 신자의 영성에 맞게, 2층천 신자의 영성에 맞게, 3층천 신자의 영성에 맞게 각층 마다 방들이 있어야 한다. 전도도 마찬가지이다.

각방은 지역교회를 상징한다. 각 방은 그 안에 머무는 양들이 있다. 양들은 내 방이 어딘지 알면 된다. 담임목사는 그 방의 반장이다. 목사도 목자가 아니라 예수님이 인도하시는 양이다. 직임인 반장을 맡겼을 뿐이다. 목양자는 모든 양을 내 방에 들이고 싶은 사심이 있다. 나 역시도 이것 때문에 마음고생을 많이 했다.

우리 교회에 오는 양들이 우리와 함께 가족을 이룰 양인지 아니면 다른 우리의 양인지를 검증해야 한다. 우리 교회에 전도된 자들을 상담하고 말씀의 원리를 가르쳐주면서, 3개월, 6개월 때로는 1년이 걸리더라도 "정말 이곳이 내가 머물 양우리입니까?"라고 주님께 여쭙고 인도하심을 받으라고 하였다. 우리도 인도하심을 받겠다고 하였다. 그래서 서로 인도하심이 일치되고 검증이 되면 주일예배에 아버지이신 삼위일체 하나님 앞과 교회공동체 가족들 앞에서 신자 서약서를 하라고 권면하였다.

"깊은 산 속 옹달샘 누가 와서 먹나요. 새벽에 토끼가 눈 비비고 일어나 세수하려 왔다가 물만 먹고 가지요."

깊은 산 속에 있는 생수 샘이 흐르는 한사랑교회에 누가 와서 가족이 될 수 있는가. 새벽기도에 한 영혼이 눈 비비고 일어나 왔다가 물만 먹고 그냥 가는 양도 있고, 세수하고 샤워하고 함께 먹으며 가족이 되는 양도 있다. 또한 함께 살다가 주의 섭리로 다른 곳에 파송되는 양도 있다. 이것을 깨닫게 되니 영혼을 대하는 자세가 공심을 더 갖게 되었고 평안하고 자유롭게 되었다.

CHAPTER 18

작은 교회 시대적 부흥 이야기

말씀으로 먼저 일하시는 성령님

우리 교회를 이야기하면서 삶의 사건보다 주의 말씀을 먼저 나누는 것은 우리가 경험하는 모든 사건이 하나님이 말씀하신 대로 이루어진다는 것을 깨달았기 때문이다.

주님은 우리 교회에 작은 교회 부흥회복의 사명을 주셨다. "너희 한사랑교회가 먼저 맛본 것을 일곱이나, 여덟에게 나누어 주어라. 그러면 그들이 경험한 후 또 다른 일곱이나 여덟에게 나누어주리라."

2016년 12월 12일 전도서의 말씀을 통해 시대적인 사명의 힌트를 주셨다. 한사랑교회의 시대적 부흥, 작은 교회 회복 운동은 이렇게 시작되었다.

네 떡을 던져 일곱이나 여덟에게 나눠주라

전도서 11:1~4

1)너는 네 떡을 물 위에 던져라. 여러 날 후에 도로 찾으리라 2)일곱에게나 여덟에게 나눠 줄지어다. 무슨 재앙이 땅에 임할는지 네가 알지 못함이니라 3)구름에 비가 가득하면 땅에 쏟아지며 나무가 남으로나 북으로나 쓰러지면 그 쓰러진 곳에 그냥 있으리라 4)풍세를 살펴보는 자는 파종하지 못할 것이요 구름만 바라보는 자는 거두지 못하리라.

"한사랑교회는 그동안 경험한 십자가 부활의 영성의 떡을 물 위에 던져라. 여러 날 후에 작은 교회 부흥회복의 운동으로 도로 찾으리라. 일곱에게나 여덟에게 나눠 주어라. 작은 교회와 종들 일곱이나 여덟에게 나누라. 겸손하고 받을 그릇이 된 일곱이나 여덟과 나누라. 경험한 그들이 또 다른 일곱이나 여덟에게 나누게 되리라. 앞으로 지구촌 교회에 환난의 날이 임하리라. 지금 교회들이 대비하지 아니하면 그날 슬피 울며 이를 갊이 있으리라."

구름에 비가 가득하면 땅에 쏟아진다. 인본과 불순종의 악으로 채워진 교회와 종들은 심판이 임하면 파산할 것이고, 십자가의 회개와 믿음의 순종으로 가득한 자들은 물이 포도주로 변하는 회복의 비가 될 것이다. 교회가 망하고 쓰러지면 파산한 교회인 소아시아 일곱교회처럼 성지순례의 관광지로 남게 되고 그 촛대는 성령님이 옮기실 것이다. 풍세를 판단만 하고 순종하지 않아 이 시대를 준비하지 않는 종들과 교회들은 파종하지 못할 것이다. 구름만 바라보는 관망자들은 부흥의 열매를 맺지 못할 것이다.

"주님 환경을 만들어주소서."

무슨 재앙이 땅에 임할는지 조만간 교회와 나라에 환난의 상황이 올 것이다. 칠 년 풍년이 지나고, 칠 년 환난의 가뭄이 있을 것이다. 요셉처럼 시대를 대비하여 영성 준비, 목양 준비, 전략 준비, 일꾼 준비를 해야 한다. 하나님의 영에 감동된 명철하고 지혜 있는 일꾼들이 필요하다(창41:38-39).

창세기 41:40

너는 내 집을 다스리라 내 백성이 네 명령에 복종하리니

애굽 왕 바로를 통해 주신 하나님의 음성이다. 시대를 간파하는 지혜와 명철이 있으면 사람들이 그 말에 복종하게 된다.

바로의 인장 반지를 빼어 - 재정권을 온전히 맡기심

세마포 옷을 입히고 - 사명의 옷이 확실히 입혀짐

금 사슬을 목에 걸고 - 영적인 권위가 입혀짐

온 애굽을 다스릴 수 있는 권세가 주어짐 - 하나님의 행하심

창세기 41:48

요셉이 애굽 땅에 있는 그 칠 년 곡물을 거두어 각 성에 저
장하되 각 성읍 주위의 밭의 곡물을 그 성읍 중에 쌓아 두매

요셉은 칠 년 곡물을 거두어 각 성에 저장하여 양식을 팔기 시작하였다. 환난의 때에 하나님의 백성을 먹이시기 위한 하나님의 손길이다. 우리는 나만 살려고 하지 말고 주님의 백성, 주님의 교회가 함께 사는 길이 있음을 깨달아야 한다. 하나님은 백성들을 오게 하시고, 땅을 주시고, 양식을 주신다. 환난 때는 오히려 하나님의 자녀들이 땅이 생기고 양식이 생기는 기회임을 깨달아야 한다.

정치 행정 체제를 바꾸어야 한다. 지방분권에서 중앙집권으로, 바알 중심의 토지법에서 하나님 중심의 토지법으로 바꾸어야 한다. 토지는 하나님의 것이며 나라의 것이다. 사람에게 소

유권이 있는 것이 바알법이다. 오분의 일을 토지세로 내고 오
분의 사로 먹고살아야 한다.

성문 어귀 나병환자 네 사람

열왕기하 7:3~10

3)성문 어귀에 나병환자 네 사람이 있더니 그 친구에게 서로
말하되 우리가 어찌하여 여기 앉아서 죽기를 기다리랴 4)만
일 우리가 성읍으로 가자고 말한다면 성읍에는 굶주림이 있
으니 우리가 거기서 죽을 것이요. 만일 우리가 여기서 머무
르면 역시 우리가 죽을 것이라. 그런즉 우리가 가서 아람 군
대에게 항복하자. 그들이 우리를 살려 두면 살 것이요 우리
를 죽이면 죽을 것이라 하고 5)아람 진으로 가려 하여 해 질
무렵에 일어나 아람 진영 끝에 이르러서 본즉 그 곳에 한 사
람도 없으니 6)이는 주께서 아람 군대로 병거 소리와 말 소
리와 큰 군대의 소리를 듣게 하셨으므로 아람 사람이 서로
말하기를 이스라엘 왕이 우리를 치려 하여 헷 사람의 왕들과
애굽 왕들에게 값을 주고 그들을 우리에게 오게 하였다 하고
7)해질 무렵에 일어나서 도망하되 그 장막과 말과 나귀를 버
리고 진영을 그대로 두고 목숨을 위하여 도망하였음이라 8)
그 나병환자들이 진영 끝에 이르자 한 장막에 들어가서 먹고
마시고 거기서 은과 금과 의복을 가지고 가서 감추고 다시
와서 다른 장막에 들어가 거기서도 가지고 가서 감추니라 9)
나병환자들이 그 친구에게 서로 말하되 우리가 이렇게 해서

는 아니되겠도다. 오늘은 아름다운 소식이 있는 날이거늘 우리가 침묵하고 있도다. 만일 밝은 아침까지 기다리면 벌이 우리에게 미칠지니 이제 떠나 왕궁에 가서 알리자 하고 10) 가서 성읍 문지기를 불러 그들에게 말하여 이르되 우리가 아람 진에 이르러서 보니 거기에 한 사람도 없고 사람의 소리도 없고 오직 말과 나귀만 매여 있고 장막들이 그대로 있더이다 하는지라.

2016년 1월 6일 주신 말씀

성문 어귀의 나병환자 네 사람은 연단 받아 낮아짐과 겸손으로 준비된 작은 교회들과 주의 종들이다. 80%가 넘는 작은 교회들이지만 이 가운데 숨은 우상을 수술받거나, 대기 중이거나, 받고 회복 중인 교회들과 종들이다. 즉 하박국의 남은 자들이다. 나병환자 네 사람은 회복의 현장을 맛보았다.

한 장막에 들어가 - 새로운 장막의 터전을 맛보고.

먹고 - 시대의 부흥의 양식을 먹고.

마시고 - 부흥의 음료를 마시고.

은, 금, 의복을 가지고 - 성경적 재정 부흥의 부으심을 경험하고

감추고(가득 채우고) - 부으시는 부흥의 임재를 받고.

또 감추고(더 가득 채우고) - 넘치게 받아서.

우리가 이렇게 하면 안 되겠도다. 오늘은 아름다운 소식이 있는 날이거늘 우리가 침묵하고 있도다. 이 소식을 알리자. 부흥의 소식과 부흥의 열매를 알려야 한다. 너희만, 너희 교회만 먹지 말고 알려라. 나누어주어라. 이러한 말씀을 통한 성령의 감동을 주셨다. 이 말씀을 따라서 당시 주변의 관계된 목사님들과 이 말씀을 나누었다.

포도주가 떨어진지라

2017년 1월 6일 주신 말씀

요한복음 2:1~12

1)사흘째 되던 날 갈릴리 가나에 혼례가 있이 예수의 어머니도 거기 계시고 2)예수와 그 제자들도 혼례에 청함을 받았더니 3)포도주가 떨어진지라. 예수의 어머니가 예수에게 이르되 저들에게 포도주가 없다 하니 4)예수께서 이르시되 여자여 나와 무슨 상관이 있나이까 내 때가 아직 이르지 아니하였나이다 5)그의 어머니가 하인들에게 이르되 너희에게 무슨 말씀을 하시든지 그대로 하라 하니라 6)거기에 유대인의 정결예식을 따라 두세 통 드는 돌항아리 여섯이 놓였는지라 7)예수께서 그들에게 이르시되 항아리에 물을 채우라 하신즉 아귀까지 채우니 8)이제는 떠서 연회장에게 갖다 주라 하시매

갖다 주었더니 9)연회장은 물로 된 포도주를 맛보고도 어디서 났는지 알지 못하되 물 떠온 하인들은 알더라. 연회장이 신랑을 불러 10)말하되 사람마다 먼저 좋은 포도주를 내고 취한 후에 낮은 것을 내거늘 그대는 지금까지 좋은 포도주를 두었도다 하니라 1)예수께서 이 첫 표적을 갈릴리 가나에서 행하여 그의 영광을 나타내시매 제자들이 그를 믿으니라 12) 그 후에 예수께서 그 어머니와 형제들과 제자들과 함께 가버나움으로 내려가셨으나 거기에 여러 날 계시지는 아니하시니라.

포도주가 떨어졌다. 한국교회에 주님의 임재가 사라졌다. 주님의 십자가에서 찢어진 몸에서 뚝뚝 떨어지는 보혈의 임재가 사라졌다. 예수의 어머니가 저들에게 "포도주가 없다"고 하였다. 교회들을 향한 성령님의 시대적 음성이다. 예수님께서는 "내 때가 아직 이르지 아니하였다"고 하셨다. 본질적으로는 구속사적 십자가의 때가 아직 이르지 아니하였음을 의미한다. 시대적, 목양적으로 한국교회는 부흥의 때를 한 번 경험하였다.

1907년 교회를 세우기 위한 시대적 부흥을 웨일즈에 부으셨다. 스칸디나비아를 훑으시고, 인도 카시아의 부흥, 미국 아주사의 부흥, 한국의 부흥, 중국의 부흥, 호주. 캐나다 등으로 퍼져가게 하셨다. 그리고 1970~80년대에 접어들면서 시대적인 겨자씨 비유의 교회 성장을 한국교회에 허락하셔서 교회 성장의 바람이 불어오게 되었다. 외적 성장의 은혜이며 제3세계에 부으시는 교회 성장의 바람이다. 그러나, 1907년 이후 제2의 부흥의 바람은 아직 오지 않고 있다.

일본은 2012년 쓰나미와 원전 사고의 큰 심판을 맞고 부흥의 불씨가 붙었다. 예수님의 얼굴을 구하는 기도회가 전국에 일어났다. 30대 목회자 리더십이 세워지기 시작하였다. 일본교회는 영성적, 목양적으로 푸르게 세워지고 있다.

대만교회도 부흥의 불이 붙기 시작하였다. 연합과 하나 됨으로 부흥이 시작되고 있다.

유독 한국교회만이 소강상태이나. 얼음 왕국처럼 썰렁한 영적 상태이다. 한국교회여 성령의 음성을 들어라. 한국교회에는 아직 부흥의 때가 이르지 아니하였다. 모친 마리아를 통해 말씀하시는 성령님의 음성에 겸손하게 귀를 기울이고 반응하여야 한다. 한국교회 모두가 반응하면 얼마나 좋을까. 그의 어머니가 하인들에게 말한다.

"너희에게 무슨 말을 하든지 그대로 할 수 있겠느냐?"

성령께서 작은 교회 목양 리더십들에게 이르시는 말씀이다. 80%가 넘는 작은 교회들은 하인이다. 스스로 하인이라고 생각

한다. 혼인 잔치에 초대받지 못한 주류가 아닌 비주류의 인생이라고 생각한다. 나도 그런 의식으로 오랜 시간을 살아왔다. 이런 많은 하인 중에서 귀 있는 자들은 성령의 음성을 들어야한다. 성령께서는 들을 귀 있는 작은 교회 목양 리더십들에게 말씀하신다. 하박국 선지자는 들을 귀 있는 자들을 가리켜 남은 자들이라 말한다. 작은 교회 목양 리더십의 대표자가 하박국 선지자이다.

회개의 돌항아리 6개를 채워라

하박국 1:2

여호와여 내가 부르짖어도 주께서 듣지 아니하시니 어느 때까지리이까.

영혼의 근원적 질문을 하는 목양자들에게 성령님은 말씀하신다.

"내가 무슨 말을 하든 그대로 하겠느냐?"

겸손으로 "예! 하겠습니다"하며 순종의 자세가 된 자들이 바로 남은 자들이다. 남은 자들은 그리 많지 않을 것이다(합 2:7~8). 한국교회의 수많은 작은 교회 중에서 남은 자들에게 주시는 말씀이다.

"내가 무슨 말을 하든 그대로 하라. 순종하면 회복의 길을 내리라."

예수께서 남은 자인 작은 교회의 사자들에게 말씀하신다.

"항아리에 물을 채우라."

이 숙제의 영성적 의미는 유대인의 정결 예식에 따라 우리 내면의 쓰레기를 정화하라는 것이다. 돌항아리 여섯이 놓여있다. 상당히 많은 물의 양이 필요하다. 내 마음을 정화하려면 상당히 많은 물이 있어야 한다. 물은 정결을 위한 말씀을 상징한다. 그동안은 내 문제 응답을 위한 말씀, 위로를 위한 말씀, 설교 잘하기 위한 말씀, 심방을 위한 말씀, 설교 세미나에서 배운 말씀의 기법, 말씀의 장인이 되기 위한 말씀이었다.

"이제 다 내려놓고 네 마음을 씻는 회개를 위한 말씀으로 적용하는 영성 습관이 되어라. 나의 종아!"

"영성은 습관이다. 한 번의 기름부음으로 변화되는 것 같지만 그렇지 않다. 네 안에서 난지도 쓰레기더미처럼 끊임없이 가스가 올라오지 않느냐?"

"회개의 시간을 채워라 "

돌항아리 여섯에서 여섯은 세상의 숫자를 상징한다.

"너희는 세상에서 땅을 밟고 살고 있다. 세상에서 목양하고 삶을 산다. 묻은 먼지와 더러움을 그 물로 씻어 버리듯이 나의 말씀으로 깨끗해져야 한다. 매일 매일."

이에 하인들은 순종하기 시작하였다. 수돗물도 없고 자동펌프도 없다. 힘든 수고가 따르는 영적 노동이다. 그런데 남은 자 중에는 처음에는 열심을 가지고 한 두 개 돌항아리를 채우다가 그만두고 튀어 나가는 사람이 있다. 여섯 개의 돌항아리를 채우다가 10% 남았는데 포기하고 다른 곳으로 가기도 한다. 여러 경우의 수가 일어난다. 여기서 많은 목회환경의 변수가 발생한다. 그래도 해보겠다고 순종하는 작은 교회 목양 리더십 가운데 끝까지 여섯 항아리를 아귀까지 채우는 사람은 생각보다 많지 않을 수 있다. 아귀까지라는 의미는 요령으로, 대충 위기를 모면하려고 하지 말라는 것이다.

호세아 6:1~5

1)오라 우리가 여호와께로 돌아가자 여호와께서 우리를 찢으

셨으나 도로 낫게 하실 것이요. 우리를 치셨으나 싸매어 주
실 것임이라 2)여호와께서 이틀 후에 우리를 살리시며 셋째
날에 우리를 일으키시리니 우리가 그의 앞에서 살리라 3)그
러므로 우리가 여호와를 알자 힘써 여호와를 알자. 그의 나
타나심은 새벽빛 같이 어김없나니 비와 같이, 땅을 적시는
늦은 비와 같이 우리에게 임하시리라 하니라 4)에브라임아
내가 네게 어떻게 하랴? 유다야 내가 네게 어떻게 하랴? 너
희의 인애가 아침 구름이나 쉬 없어지는 이슬 같도다.
5)그러므로 내가 선지자들로 그들을 치고 내 입의 말로 그들
을 죽였노니 내 심판은 빛처럼 나오느니라.

"여호와께서 이틀 후에 우리를 살리시고 삼 일에는 일으키시
리라"(호6.2). 불성실한 회개를 하는 자들에게는 어림도 없는
일이다. 마음의 우상이 제거되기 전에는 2년, 3년이 지나도 안
된다. 20년, 30년이 걸리더라도 반드시 해결해야 나올 수 있
다. 호리라도 갚지 아니하면 그 연단의 늪에서 나오지 못할 것
이다.

르호봇 부흥샘터 기도회를 열게 하심

2013년 5월경 저녁 부흥샘터 기도회를 한의순권사를 통하

여 열게 하셨다. 2017년 1월 현재, 4년째 부흥샘터 기도회를 하면서 4개의 돌 항아리에 물을 긷게 하셨고, 4년이 아귀까지 채워지고 있다. 앞으로 2년을 더 채우라는 감동을 주셨다. 그렇게 하여 르호봇의 부흥이 우리 공동체 허리에 차오르도록 진리와 은혜의 부흥 생수를 부으시는 원리를 깨달았다. 예수님께서 작은 교회들의 종들에게 말씀하신다.

"이제는 떠서 연회장에게 갖다 주어라."

이 말씀에 순종하려면 대단한 모험이 따른다. 하지만 말씀에 순종하여 갖다주면 물이 포도주로 변하는 표적이 나타난다.

부흥은 표적이다. 표적이란 "기적+예수 그리스도"이다.

부흥의 중심은 예수 그리스도이시다. 여호와이신 이스라엘과 열방의 왕이신 예수 그리스도이시다. 기적은 통로이고 기적을 통해서 예수님을 경험하게 된다.

"교회가 성장하는 것으로 기뻐하지 말아라. 사람들이 들어오는 것으로 기뻐하지 말아라. 성장하게 하고 내 양들을 보내주는 여호와 예수 나를 위해 기뻐하라."

"내가 너를 아는 것으로 기뻐하라."

“네 이름이 천국의 생명책에 기록된 것으로 인하여 기뻐하라.”

“사역의 플러스 마이너스로 인하여 마음을 빼앗기지 말아라.”

“나 예수를 빼앗기는 것으로 슬퍼하며 나 예수를 소유함으로 기뻐하라.”

“종들아, 많은 사역의 일로 인해 근심하거나 염려하지 말아라. 내가 시키는 한 두 가지로 족하다.”

“나 예수를 바라보는 딸 마리아는 이것을 택하였다. 이것은 절대로 빼앗기지 않는다는 것을 알아라.”

“종들아 사역에 속지 말아라.”

“네 사역을 잘 되게 해 준다는 것이 여기 있다, 저기 있다고 해도 속지 말아라.”

“네가 내 안에 거하고 내 말이 너희 안에 생명으로 거하면 내가 나타날 것이고 저절로 열매를 맺으리라.”

“내 안에 거하면서도 안 맺는다고 말하지 말아라. 네가 겸손하기만 하면 농부이신 아버지께서 땅에 처지고, 지하 웅덩이에 처져서 열매를 못 맺는 가지를 들어주신다. 열매를 잘 맺도록 겸손하여라. 무거운 마음을 내려놓아라. 마음의 돌이 있으면 처져서 땅에 닿아 더럽혀지고 상처를 입는다. 스스로 상처 속에서 묵상하지 말아라. 네 영혼은 무거워져서 깊은 늪에서 허우적거려 나올 수 없다.”

“영혼의 아버지인 나 예수를 바라보아라.”

“영혼의 목자인 나 예수를 바라보아라.”

“나 예수는 나를 바라보는 내 양을 절대로 잃어버리지 않는다.”

물 떠온 하인들만 알더라

이 부흥의 은총에 동참한 하인들이 있다. 비주류의 인생과 같은 연단 받은 작은 교회 중 바벨론의 우상이 제거된 남은 자들이다. 부흥의 불이 겉에 붙은 불이 아니라 속에 붙은 불이 되어 지속해서 아버지의 마음으로 타오르는 자들이다. 그 불은 섬기는 교회에 타오르게 된다. 겸손한 심령을 가진 자들만이 알게 되는 신비의 불이며, 사랑의 불이며, 은총의 불이다.

인본적 목양의 모습

연회장은 오늘날 가나안 신자들의 모습이다. 인터넷 클릭으로 목회자 설교를 바꿔가며 들으며 평가하는 닳고 닳은 신자들이다. 이런 신자들을 누가 만들었는가? 설교꾼들이 그렇게 만들었고 목회꾼들이 그렇게 만들었다. 그래서 결국 신자들은 구경꾼이 되어 세상으로부터 개독교 소리를 듣게 되었다. 판단 잘하고 비판 잘하는 기자 출신 연회장 신자가 말한다.

"내가 그동안 경험해보니 목양하시는 목사나 교회들은 먼저 좋은 포도주를 내더라. 처음에는 굉장하더라. 홈페이지나 동영상 하이라이트를 보거나 신문에 난 광고를 보면 대단하더라. 그리고 어느 기간은 맛이 괜찮은데 취하면 섞어서 내보내더라. 변질이 되기 시작하더라. 먹여야 할 신자들이 많아지니까 물을 섞어서 내보내너라. 그런데 그대는 지금까지 좋은 포도주를 두었도다. 갈수록 좋아지는 맛, 묵을수록 고급이 되는 포도주를."

우리 자신과 교회는 어린 포도주, 소년 포도주, 청소년 포도주, 청년 포도주, 장년 포도주, 노년 포도주의 영성으로 성장 성숙하여야 한다. 예수께서 이 첫 표적을 행하여 그의 영광을 나타내셨다. 주님은 십자가에서 사역을 완성하시면서 이스라엘과 열방에 있는 주님의 양들이 자기에게로 와서 온전함을 입고, 어린양 예수님의 신부로 하나가 되기를 원하신다. 영적인 갈망을 첫 표적을 통해 나타내신 것이다.

CHAPTER 19

다음 세대 7가지 부흥원리

이 시대의 부흥원리 1

2019년 8월 9일(금). "청년의 부흥을 보게 하소서"라고 기도할 때 성령께서 7주간 말씀을 통해 이 시대 부흥의 원리를 가르쳐주시고 원리대로 부흥의 샘플을 경험하게 하셨다.

한사랑교회 사명의 정체성

한사랑교회 신앙의 여정은 창세기의 야곱의 여정과 같다(창 28:12-16). 외삼촌 라반을 위해 20년 동안 일했음에도 품삯을 제대로 받지 못한 야곱의 항변이다(창31:38~42).

창세기 31:41

이십 년 동안 두 딸을 위하여 십사 년, 외삼촌의 양 떼를 위하여 육 년을 봉사하였거니와 외삼촌은 내 품삯을 열 번이나 바꾸셨으며 한사랑교회도 야곱과 같은 고백을 한 적이 있다.

"1996년부터 2010년까지 15년 동안 야곱처럼 라반의 집에서 연단 받았으나 손에 가진 것 없고 빈털터리로 나온 상태가 아닙니까?"

성령께서 주시는 감동이다. 영적인 실상은 야곱은 빈털터리인 것 같지만 이스라엘의 기초인 12 아들이 준비되었다. 한사랑교회도 15년과 그 후 회복의 시간 9년이 시대의 일꾼 12명이 준비되는 시간이었음을 알려주셨다.

청소년과 장년 세대를 회복하라

이런 경험을 한 10대, 20대 주님의 앙들이 돌아온다.

창세기 28:12~16

12)꿈에 본즉 사닥다리가 땅 위에 서 있는데 그 꼭대기가 하늘에 닿았고 또 본즉 하나님의 사자들이 그 위에서 오르락내리락 하고 13)또 본즉 여호와께서 그 위에 서서 이르시되 나는 여호와니 너의 조부 아브라함의 하나님이요, 이삭의 하나님이라. 네가 누워 있는 땅을 내가 너와 네 자손에게 주리니 14)네 자손이 땅의 티끌같이 되어 네가 서쪽과 동쪽과 북쪽과 남쪽으로 퍼져나갈지며, 땅의 모든 족속이 너와 네 자손으로 말미암아 복을 받으리라 15)내가 너와 함께 있어 네가 어디로 가든지 너를 지키며, 너를 이끌어 이 땅으로 돌아오

게 할지라. 내가 네게 허락한 것을 다 이루기까지 너를 떠나지 아니하리라 하신지라 16)야곱이 잠이 깨어 이르되 여호와께서 과연 여기 계시거늘 내가 알지 못하였도다 17)이에 두려워하여 이르되 두렵도다. 이곳이여 이것은 다름 아닌 하나님의 집이요, 이는 하늘의 문이로다 하고

유월절 어린양 십자가를 경험할 청소년, 청년들이 돌아오게 된다(15절). 이스라엘과 열방의 교회 영성으로 준비된 한 새사람의 청소년과 청년들이다(16절). 하나님을 경외하는 청소년과 청년들이 될 것이다(17절)

우리는 장년들이 회복되고 장년들이 전도되어 돌아올 것으로 생각하였다. 그러나 성령님의 생각은 달랐다. 이 시대 장년들이 할 일은 청소년과 청년들이 시대의 양식을 먹고 예수님과 함께 놀 멍석을 깔아주고 울타리 역할을 하는 것이다. 장년 세대가 청소년과 청년 세대들을 맞아들이는 역할을 하게 될 거라는 감동을 주셨다.

12명의 장년을 세우라

하나님이신 예수님도 30년을 준비하여 3년의 공생애를 하셨고, 3년 동안 12명의 제자를 세우는 일을 하셨다. 같은 원리로 부모 세대의 12명의 일꾼이 12명의 청년세대 일꾼을 세울 수

있다. 베드로, 요한, 야고보 세 명이 세워지면 9명의 남은 제자들의 질서가 잡힌다. 12명이 세워지면 120명이 세워지고 500명이 세워진다. 10대, 20대 3명이 세워지면 9명, 120명, 500명이 세워지고 그 뒤를 100만 명의 무리가 뒤따르게 된다. 예수님의 십자가와 부활을 경험한 제자들이다. 그 뒤에 무리가 따라온다. 미국 '예수 운동'(Jesus movement) 때 100여만 명이 돌아왔다. 같은 원리이다. 야곱의 12지파 아들이 세워지는 섭리와 예수님의 12제자가 세워지는 섭리는 동일하다.

요한복음 8:32

진리를 알지니 진리가 너희를 자유롭게 하리라

청년세대에 신리의 말씀을 먹여야 하며, 연단을 통하여 지각이 열리게 해야 한다.

히브리서 5:14

단단한 음식은 장성한 자의 것이니 그들은 지각을 사용함으로 연단을 받아 선악을 분별하는 자들이니라.

히브리서 6:1~2

1)그러므로 우리가 그리스도의 도의 초보를 버리고 죽은 행실을 회개함과 하나님께 대한 신앙과 2)세례들과 안수와 죽

은 자의 부활과 영원한 심판에 관한 교훈의 터를 다시 닦지 말고 완전한 데로 나아갈지니라.

잠언 27:22

미련한 자를 곡물과 함께 절구에 넣고 공이로 찧을지라도 그의 미련은 벗겨지지 아니하느니라.

거실(living room)을 내주어라

조셉 붓소 형제가 한사랑교회와 한 가족을 이룰 때의 일이다. 김향자전도사의 꿈 내용이다. 꿈에 내가(박목사) 거실을 내어주더니 조셉이 와서 배낭을 내려놓았다. 그리고 친구 몇을 더 데려오더니 한구석에 "여기는 내 자리에요"라고 했다는 것이다. 기도 사역 시에 조셉이 교회 이동에 대한 기도 제목을 내놓았다. 이때 꿈 내용을 말했더니 주님의 응답으로 가족이 되었다.

거실은 시대의 연합 플랫폼을 뜻한다. 누구나 거실을 내주지 않는다. 거실은 자기 목회 비전이다. 성령께서는 이 시대에 자기 목양의 비전을 내어주는 자들을 지켜보신다. 거실을 내어주는 종들을 지켜보시고 하나님 나라의 일꾼들을 보내신다. 그들과 동역하게 하신다. 주를 깨끗한 마음으로 부르는 자들과 함께 사역하게 하신다. 깨끗하다는 말은 사심이 정제되었다는 것을 의미한다. 성령께서 믿어주실만한 기본적인 공적 사역의 통로가 생긴 것이다.

이 시대 부흥원리 2

디아스포라와 알리아

2019년 8월 11일(주일)에 주신 말씀 (단4:1~37)

하나님의 백성이나 자녀가 우상에 빠져서 세상을 사랑하면 하나님은 그들을 흩어버리신다(디아스포라). 그리고 우상이 제거되면 다시 모으신다(알리아). 미친 시간을 보내는 느브갓네살은 이방교회의 돌아올 양들을 의미한다. 미국 예수 운동 때 미친 시간을 보낸 느브갓네살 같은 젊은이들 백만 명 이상이 돌아왔다. 우리나라도 지금 같은 시기이다. 미친 시간을 보내는 젊은이들이 많이 있다. 이들이 곧 돌아올 것이다. 이들 속에 들어간 척 스미스, 로닝 커닝햄, 빌 브라이트 같은 종들이 우리에게도 있어야 한다.

다니엘 4:30~31

30)나 왕이 말하여 이르되 이 큰 바벨론은 내가 능력과 권세

로 건설하여 나의 도성으로 삼고 이것으로 내 위엄의 영광을 나타낸 것이 아니냐 하였더니 31)이 말이 아직도 나 왕의 입에 있을 때에 하늘에서 소리가 내려 이르되 느부갓네살 왕아 네게 말하노니 나라의 왕위가 네게서 떠났느니라.

다니엘 4:32~33

32)네가 사람에게서 쫓겨나서 들짐승과 함께 살면서 소처럼 풀을 먹을 것이요 이와 같이 일곱 때를 지내서 지극히 높으신 이가 사람의 나라를 다스리시며 자기의 뜻대로 그것을 누구에게든지 주시는 줄을 알기까지 이르리라 하더라 33)바로 그때 이 일이 나 느브갓네살에게 응하므로 내가 사람에게 쫓겨나서 소처럼 풀을 먹으며 몸이 하늘 이슬에 젖고, 머리털이 독수리 털과 같이 자랐고, 손톱은 새 발톱과 같이 되었더라.

물증이 드러나면(단4:30) 심판이 온다(단4:31). 노숙자처럼 되고, 짐승처럼 미친 인생이 되어 살게 된다(단4:32~33).

다니엘 4:34

그 기한이 차매 나 느부갓네살이 하늘을 우러러 보았더니 내 총명이 다시 내게로 돌아온지라. 이에 내가 지극히 높으신 이에게 감사하며 영생하시는 이를 찬양하고 경배하였나니 그 권세는 영원한 권세요, 그 나라는 대대에 이르리로다.

1)너희의 하나님이 이르시되 너희는 위로하라. 내 백성을 위로하라 2)너희는 예루살렘의 마음에 닿도록 말하며 그것에게 외치라 그 노역의 때가 끝났고 그 죄악이 사함을 받았느니라. 그의 모든 죄로 말미암아 여호와의 손에서 벌을 배나 받았느니라 할지니라 하시니라.

이 심판은 무한하신 하나님의 사랑이다. 구원하시기 위한 사랑이다. 회복을 위한 사랑이다. 우리 안에 예수님과 벨리알(우상)이 함께 살 수 없다. 인생이 흩어질 때는 원망이나 불평을 하라는 것이 아니라 회개하라는 것이다. 내가 주인 된 것을 회개하라는 것이다. 그 양이 차면 땅에 머리를 처박고 풀을 뻐넌 미친 인생이 고개를 들고 하늘을 보게 된다. 이런 청년들이 돌아오게 된다.

게더링(Gathering)

총명이 돌아오고

나라의 영광이 돌아오고

위엄, 광명이 돌아오고

사람들(일꾼들)이 돌아오고

20년 후에 야곱이 고향 땅으로 돌아온다.

브니엘- 여호와의 얼굴을 보게 된다.

재물을 되찾는다.

알리야 - 고향으로 돌아온다.

형제와 화해한다.

십자가와 부활의 영광을 경험한다.

이 시대 부흥원리 3

작은 교회 시대적 부흥 회복

2017년 1월 20일(금)에 주셨고 2019년 8월 25일(주일)에 다시 주신 말씀.

열왕기하 4:1~7

1)선지자의 제자들의 아내 중의 한 여인이 엘리사에게 부르 짖어 이르되 당신의 종 나의 남편이 이미 죽었는데 당신의 종이 여호와를 경외한 줄은 당신이 아시는 바니이다. 이제 빚 준 사람이 와서 나의 두 아이를 데려가 그의 종을 삼고자 하나이다 하니 2)엘리사가 그에게 이르되 내가 너를 위하여 어떻게 하랴? 네 집에 무엇이 있는지 내게 말하라. 그가 이 르되 계집종의 집에 기름 한 그릇 외에는 아무것도 없나이다 하니 3)이르되 너는 밖에 나가서 모든 이웃에게 그릇을 빌리

라. 빈 그릇을 빌리되 조금 빌리지 말고 4)너는 네 두 아들과 함께 들어가서 문을 닫고 그 모든 그릇에 기름을 부어서 차는 대로 옮겨 놓으라 하니라 5)여인이 물러가서 그의 두 아들과 함께 문을 닫은 후에 그들은 그릇을 그에게로 가져오고 그는 부었더니 6)그릇에 다 찬지라 여인이 아들에게 이르되 또 그릇을 내게로 가져오라 하니, 아들이 이르되 다른 그릇이 없나이다 하니 기름이 곧 그쳤더라 7)그 여인이 하나님의 사람에게 나아가서 말하니 그가 이르되 너는 가서 기름을 팔아 빚을 갚고 남은 것으로 너와 네 두 아들이 생활하라 하였더라

사업을 하다가, 공무원을 하다가, 안정된 생활을 하다가 하나님을 만나 사명 받았다. 모든 것을 접고 신학생이 되었다. 그런데 사역의 길이 열리기도 전에 죽었다. 남은 아내와 자식들은 어떻게 살라는 건가. 신학생의 아내는 아이들을 키우느라 마이너스 카드와 다른 카드 돌려막기를 하다가 신용불량이 되었고 많은 빚을 지게 되었다. 엘리사에게 부르짖는다.

"학장님, 당신의 선지 신학교에 다니던 나의 남편이 죽었습니다. 학장님도 당신의 종이 여호와를 경외하는 줄을 아시죠. 그런데 지금 저는 빚 때문에, 자녀를 종으로 내어주어야 하는 상황이 되었습니다. 어떻게 하면 좋겠습니까?"

"내가 너를 위하여 어떻게 하랴? 네 집에 무엇이 있는지 내게 말하라. 없는 것을 말하지 말고 있는 것을 말하라. 하나님이 안 해 주신 것을 기억하지 말고 해 주신 것을 헤아려보라.

"기름 한 그릇 외에는 아무것도 없나이다."

성령님은 하나밖에 없는 그것으로 다 하실 수 있다. 성령님이 역사하는 원리는 다음과 같다.

①너는 밖에 나가서 - 성령님께서 사인을 주셨으면 움직여야 한다.

②모든 이웃에게 - 하나님의 선물은 하늘에서 뚝 떨어질 수도 있지만 대부분 사람이나 환경을 통해 역사하신다. 평소에 이웃과의 관계 영성이 되어야 한다.

③빈 그릇을 빌리되 - 그릇이 비어있어야 한다. 다른 게 들어있으면 안 된다. 인본주의가 섞인 그릇은 기름을 부을 수 없다.

④조금 빌리지 말고 할 수 있는 한 최대로 빌려라 - 부흥의 그릇을 준비할 입을 크게 열라. 내가 채우리라. 너는 두 아들과 함께 행하라. 회복은 함께 고통을 겪은 가족에게 부어진다. 그것이 하나님의 공의이며 사랑이다.

작은 교회 목회자 자녀들이 상처를 입고 "아버지와 어머니를 이해할 수 없어요. 하나님도 이해할 수 없어요"하고 튀어 나가면 집안으로 데리고 들어오려 해도 안 된다. 회복되려면 자녀가 어머니와 하나가 되어야 하는데 부모에게 상처받은 자녀가 어머니에게 순종하는 게 쉬운 일은 아니다. 하지만 선지자가 하나님의 말씀을 전한대로 순종이 안 되면 복종이라도 해야 한다. 그래야 작은 교회와 그 교회 목사와 사모와 자녀들에게 기름이 가득 부어지고 부흥이 일어난다. 그렇지 않고 갈라지면 기름이 부분적으로 부어진다.

한사랑교회 가족이 되는 신자들에게 주신 말씀

너는 남은 가족들과 함께 하라.

너는 교회의 가족들과 함께 하라.

너는 아픔을 함께 겪은 신앙의 공동체와 함께 하라.

너는 한사랑교회를 위해 환난을 받은 가족들과 함께 하라.

너는 한사랑교회를 위해 빚을 지고, 한사랑교회와 함께 하면서 원통한 일을 당한 가족들과 함께 하라.

예수님은 "누가 내 어머니이며 동생들이냐?"(눅3:33) 하시고 "누구든지 하나님의 뜻대로 행하는 자가 내 형제요 자매요 어머니이니라"(눅3:36)고 하셨다.

하나님의 말씀에 순종하여 행할 때 부흥이 온다. 한사랑교회

가족들과 함께 부흥의 그릇을 준비하라. 르호봇의 부흥 샘터를 준비하라. 모두 다 함께 부흥의 샘터를 준비하라. 마음이 하나 되어 전심으로 돌항아리 여섯 개를 준비하라.

"정말 그렇구나! 우리의 기도가 이 시대 부흥을 위한 것이고, 우리 교회는 르호봇 부흥 샘터를 위해 하나님이 준비시키시는 것이구나"라는 마음을 가져야 한다.

열왕기하 4:5

여인이 물러가서 그의 두 아들과 함께 문을 닫은 후에 그들은 그릇을 그에게로 가져오고 그는 부었더니.

하나님이 한사랑교회에 세우신 리더십 박규태목사와 사모는 한사랑교회 가족인 성도들과 성도들의 자녀들과 함께 그동안 함께 르호봇 샘터 기도를 해왔던 예배당에 들어가서 문을 닫아야 한다. 하나님의 말씀대로 문을 닫으라면 닫아야 한다. 안 오던 자, 따라오지 않던 자, 고집부리던 자를 오게 하려고, 억지라도 들어오게 해서는 안 된다. 오순절 성령강림도 예수님의 말씀에 순종한 120명만 마가 다락방에 모였고, 문을 닫은 후에 성령님이 시대적인 기름부음의 부흥을 부어주셨다. 한사랑

교회 가족이 된 성도들은 주의 종에게 그릇을 가져오고, 하나
님이 주의 종을 통해 부흥의 기름을 부었다.

열왕기하 4:6-7a

그릇에 다 찬지라 여인이 아들에게 이르되 또 그릇을 내게로
가져오라 하니 아들이 이르되 다른 그릇이 없나이다 하니 기
름이 곧 그쳤더라 그 여인이 하나님의 사람에게 나아가서 말
하니 그가 이르되 너는 가서 기름을 팔아 빚을 갚고

한사랑교회 종과 성도들아, 너희들이 받은 기름인 부흥을 남
에게 팔아라. 그것이 빚을 갚는 것이다. 내가 너희에게 베푼 은
혜를 샀는 것이다. 그리하면 너희의 육적인 빚도 다 청산되리라.

남은 것으로 너의 두 아들이 생활하라

열왕기하 4:7b
남은 것으로 너와 네 두 아들이 생활하라 하였더라

전도서 11:1~2

너는 네 떡을(기름을) 물 위에 던져라. 여러 날 후에 도로 찾
으리라. 일곱이나 여덟에게 나눠줄지어다.

한사랑교회 사자인 내 종과 내 자녀들은 남은 부흥의 열매

를 먹고 살아야 한다. 또한 그것을 일곱이나 여덟에게 나눠주어야 한다.

한국 교회에 주는 말씀

2019년 8월 25일(주일) 주신 말씀.

나의 남편이 이미 죽었고, 우리 남편인 한국교회가 이미 죽었는데 그래도 조국교회가 여호와를 경외한 줄 아시지 않습니까? 우리 자녀들도 세상으로 사탄에게 끌려가게 되고 있습니다. 엘리사가 여인에게 이르되

"내가 너를 위하여 어떻게 하랴? 네 집에 무엇이 있는지 내게 말하라"

"지금 한국교회와 너희 교회에 무엇이 있는지 내게 말하라"

여인은 생존하는 대한민국 교회이다.

"기름 한 그릇 외에는 아무것도 없습니다."

밑바닥 생존의 은혜로 근근이 살아갑니다. 예수님을 부인하지 않는 믿음으로 간신히 살아가고 있습니다.

해결책은 이러하다

너는 밖으로 나가라.

말라버린 우물에서 고개 처박고 있지 말고

아스팔트로 나가라.

광장으로 나가라.

시대를 보아라.

어떤 바람이 부는지 피부로 느껴 보아라.

나의 절기를 보아라.

모든 이웃에게

이스라엘과 열방 해외노동자들, 난민들,

중국, 일본, 동남아, 세계 열방 형제들에게

그릇을 빌리라.

빈 그릇, 빈 마음 그릇들을.

마음이 가난한 자들을 내가 보내리라.

조금 빌리지 말고 많이 빌리라.

이러한 심령들이 매우 많다.

너는 두 아들과 함께 들어가라.

부모 세대와 자녀 세대가 함께해야 한다.

청년들끼리만 하면 안 된다.

문을 닫고 부모 세대는 한 그릇밖에 없는

그 기름을 붓는 역할을 해야 한다.

자녀 세대들은 그릇을 가져오는 역할을 한다.

자녀 세대는 그릇을 잡는다.

부모 세대는 기름을 붓는다.

이 시대의 부흥은 이런 모양으로 오게 된다.

이 시대 부흥원리 4

2019년 9월 1일(주일)에 주신 말씀이다.

내가 너와 함께 하리라

여호수아 1:1~9

1)여호와의 종 모세가 죽은 후에 여호와께서 눈의 아들 여호수아에게 말씀하여 이르시되 2)내 종 모세가 죽었으니 이제 너는 이 모든 백성과 더불어 일어나 이 요단을 건너 내가 그들 곧 이스라엘 자손에게 주는 그 땅으로 가라. 3)내가 모세에게 말한 바와 같이 너희 발바닥으로 밟는 곳은 모두 내가 너희에게 주었노니 4)곧 광야와 이 레바논에서부터 큰 강 곧 유브라데 강까지 헷 족속의 온 땅과 또 해 지는 쪽 대해까지 너희의 영토가 되리라. 5)네 평생에 너를 능히 대적할 자가 없으리니 내가 모세와 함께 있었던 것 같이 너와 함께 있을 것임이니라. 내가 너를 떠나지 아니하며 버리지 아니하리니 6)강하고 담대하라. 너는 내가 그들의 조상에게 맹세하여 그들에게 주리라 한 땅을 이 백성에게 차지하게 하리라. 7)오직

강하고 담대하여 나의 종 모세가 네게 명령한 그 율법을 다 지켜 행하고 우로나 좌로나 치우치지 말라. 그리하면 어디로 가든지 형통하리니 8)이 율법책을 네 입에서 떠나지 말게 하며 주야로 그것을 묵상하여 그 안에 기록된 대로 다 지켜 행하라. 그리하면 네 길이 평탄하게 될 것이며 네가 형통하리라. 9)내가 네게 명령한 것이 아니냐 강하고 담대하라. 두려워하지 말며 놀라지 말라. 네가 어디로 가든지 네 하나님 여호와가 너와 함께 하느니라 하시니라.

너희가 발바닥으로 밟는 곳은 모두 내가 주었으니

발바닥으로 밟아야 한다.

생각만 하고 상상만 하면 안 된다.

헬레니즘은 눈으로 보는 감각적인 문화이고

헤브라이즘은 몸으로 행동하는 동적인 문화이다.

명사보다 동사이다.

말씀은 살았고 운동력이 있다.

모세와 함께 있은 것 같이

여호수아(다음세대)와 함께 있다.

Generation to Generation.

나라가 없는 이스라엘이 그들의 전통을 이어올 수 있었던

것은 히브리인의 세대와 세대를 잇는 하나님 나라의 계시인 토

라가 있기 때문이다.

기록된 대로 지켜 행하라 그리하면 형통하리라.

우로나 좌로나 치우치지 말아라. 그리하면 형통하리라.

우파나 좌파나 치우치지 말아라.

양식을 준비하라

여호수아 1:10~18

10)이에 여호수아가 그 백성의 관리들에게 명령하여 이르되 11)진중에 두루 다니며 그 백성에게 명령하여 이르기를 양식을 준비하라. 사흘 안에 너희가 이 요단을 건너 너희의 하나님 여호와께서 너희에게 주사 차지하게 하시는 땅을 차지하기 위하여 들어갈 것임이니라 하라. 12)여호수아가 또 르우벤 지파와 갓 지파와 므낫세 반 지파에게 말하여 이르되 13)여호와의 종 모세가 너희에게 명령하여 이르기를 너희의 하나님 여호와께서 너희에게 안식을 주시며 이 땅을 너희에게 주시리라 하였나니 너희는 그 말을 기억하라 14)너희의 처자와 가축은 모세가 너희에게 준 요단 이쪽 땅에 머무르니와 너희 모든 용사들은 무장하고 너희의 형제보다 앞서 건너가서 그들을 돕되 15)여호와께서 너희를 안식하게 하신 것 같이 너희의 형제도 안식하며 그들도 너희의 하나님 여호와께서 주시는 그 땅을 차지하기까지 하라. 그리고 너희는 너희 소유지 곧 여호와의 종 모세가 너희에게 준 요단 이쪽 해 돋는 곳으로 돌아와서 그것을 차지할지니라. 16)그들이 여호수아에

게 대답하여 이르되 당신이 우리에게 명령하신 것은 우리가 다 행할 것이요. 당신이 우리를 보내시는 곳에는 우리가 가리이다. 17)우리는 범사에 모세엑 순종한 것 같이 당신에게 순종하려니와 오직 당신의 하나님 여호와께서 모세와 함께 계시던 것 같이 당신과 함께 계시기를 원하나이다. 18)누구든지 당신의 명령을 거역하며 당신의 말씀을 순종하지 아니하는 자는 죽임을 당하리니 오직 강하고 담대하소서.

시대의 양식을 준비하라

르우벤, 갓, 므낫세 반 지파는 미리 요단 동편 땅을 취한 지파들로서 안식을 먼저 경험한 일꾼들이다.

히브리 사상의 안식은 현실에서의 땅이다.

하나님은 땅에서 일하신다.

안식을 경험한 일꾼은 십자가와 부활의 은총과 성결을 경험한 청년의 영성을 가진 자들이다.

아직 안식을 경험하지 못한 남은 지파들은 가나안 정복의 영적 전쟁을 끝낼 때까지 앞서가서 이미 안식을 경험한 자들과 함께 전쟁하여 안식을 얻을 수 있도록 해야 한다.

성결을 경험케 한 것은 스스로 자족하며 안주하라고 준 것이 아니다. 경험하지 못한 자들을 진리와 성령으로 경험하도록 도와주는 일을 하라는 것이다.

이 시대 부흥원리 5

2019년 9월 8일(주일)에 주신 말씀이다.

숨은 우상 아간을 잡아내라

여리고 사역의 간증(부모세대)이다.

아간 사역의 간증(지금 청년세대)이다.

여리고 간증이란 1980년대 급성장하는 시기에 교회가 가지고 있던 "할 수 있다! 해보자! 여리고를 7번 돌고 외치면 무너진다!"하는 시대적 자신감으로 충만할 때 보편적으로 해 왔던 간증 테마이다. 그 시기가 지나자 아이성에서 실패로 주눅 든 이스라엘처럼 오늘날 우리 교회들도 영적으로 처져있는 모습이다. 성경은 너희 안의 아간을 잡아내라는 계시를 준다.

지금 시대는 아간을 잡아내야 하는 시기이다. 오늘날 집회 때 이전의 여리고 간증보다 숨은 아간을 잡아내는 간증이 많아진 이유이다.

여리고 사역의 세대

1960년~1990년의 30년은 경제개발 시대이다.

"잘살아보세. 우리도 한번 잘살아보세."

"성장해보세. 우리 교회도 한번 성장해보세."

성령께서 부으신 성장의 바람이 불었다.

여호와께서 전략을 주시고 이기게 하셨다.

복음의 정신은 우리 스스로 일어난 적이 없다.

대한민국 초대교회도 이방 선교사들이 들어와 우리를 일으켜 세워주었다. 70년대 성장의 바람도 이방 복음 전도자(빌리 그래함)가 들어와 일으켜주었다. 이로 인해 세계교회에 한국교회의 성장과 기도와 선교의 정신을 알리게 되었다. 한국교회의 모델링을 위해 부으신 성령의 바람이다.

아간 사역의 세대

1990년부터 현재까지는 숨은 아간을 잡는 시기이다. 1988년까지 성장의 정점을 찍은 한국교회는 내리막길을 걸었다. 가나안 신자가 200여만 명 가까이 발생했으며, 이단이 200여만 명 발생하였다. 아직도 한국교회는 성장 중심의 초보 신앙에 머물러 있다. 무엇을 먹을까, 무엇을 입을까, 무엇을 마실까 하는 유년 신앙이다. 서로 비교하고 경쟁하는 청소년 신앙이다. 그렇게 된 원인은 내 자아 안에 그리고 교회 안에 숨은 우상이 있기 때문이다. 여전히 자기가 주인 된 신앙, 주인 된 목양이 있다. 이것이 우리 안에 숨어있는 탐심이며 우상인 아간이다.

이 아간을 발견하기란 쉽지 않다. 두 번째 이스라엘 인구조사 시 성인 남성이 601,730명이었다. 이 가운데 한 명이 아간이다. 성령님은 결국 추적하여서 아간을 잡아냈다. 그리고 철저하게 죽였다.

여호수아 7:25~26

25)여호수아가 이르되 네가 어찌하여 우리를 괴롭게 하였느냐? 여호와께서 오늘 너를 괴롭게 하시리라 하니 온 이스라엘이 그를 돌로 치고 물건들도 돌로 치고 불사르고 26)그 위에 돌 무더기를 크게 쌓았더니 오늘까지 있더라. 여호아께서 그의 맹렬한 진로를 그치시니 그러므로 그곳 이름을 오늘까지 아골 골짜기라 부르더라.

돌아오는 청년들에게 우리가 예전에 먹었던 양식을 다시 먹여서는 안 된다. 이 시대의 양식은 내면에 숨은 우상인 세상 사랑과 자기 사랑이다. 자기가 주인 됨을 잡아내게 하고, 수술로 숨은 우상을 제거하도록 도와주어야 한다. 이것이 되면 회개가 일어나고, 회개의 양이 차면 성령께서 우상을 제거해주신다. 드디어 내 안에 성령세례 받을 때부터 있었던 생수가 흐르기 시작한다. 생수가 흐르지 못했던 것은 우상인 바위가 막고 있었기 때문이다. 그렇다! 안식을 경험한 자들이 아직 경험하지 못한 자들을 도와야 한다.

"내 아들아, 여호와께 영광을 돌려라. 숨은 우상이 돌 맞아 죽는 것이 여호와께 영광 돌리는 것이다. 그 앞에 자복하라"

"네가 그동안 행한 일 하나님의 영광을 도둑질한 것을 드러내라. 그 일을 숨기지 말라"

이 시대 부흥원리 6

2019년 9월 15일 (주일)

광야 시대를 사는 원리

광야는 순종을 배우는 곳이다. 광야는 하나님을 만나는 곳이다. 하나님을 섬기는 곳이다. 세상 신이 크게 영향을 미치지 못하는 곳이다. 하나님이 이끌어가시기 때문이다. 광야 시대를 사는 원리는 다음과 같다.

① 토라 말씀에 순종하라

말씀대로 살아라. "주님의 말씀이 옳습니다. 시인합니다. 인정합니다. 놀랍습니다."라고 해야 한다. 그러면 진리의 영이신 성령께서 일하시기 시작하신다. 내가 하는 것이 아니라 성령의 도우심으로 하게 된다. 자기 의가 아니라 십자가의 도로 살게 된다. 토라의 말씀이 여호와이다. 사복음서의 여호와는 바로 예수이다. 바울(이방인의 사도)이 쓴 서신, 사도행전(누가), 베드로, 요한, 야고보, 유다(유대인 사도)가 기록한 글은 모두 하나님의 말씀이다. 말씀으로 유대인과 이방인이 하나가 된다. 한 새사람 교회가 된다.

② 하나님의 임재의 영광 앞에 순종하라

이스라엘 백성들이 광야를 지날 때 하나님은 낮에는 구름 기둥으로, 밤에는 불기둥으로 인도하셨다. 구름 기둥과 불기둥으로 하나님의 임재 훈련을 시키셨다. 개인적인 임재 훈련으로 개인 영성이 자라나고, 공동체 임재 훈련으로 형제가 연합하게 되고 성령의 기름이 부어진다(시133편).

③ 여호와의 절기를 순종으로 경험하라

내 백성을 보내라. 광야에서 내 앞에 절기를 지킬 것이니라. 이것은 나의 절기들이니 너희가 성회로 공포할 여호와의 절기들이니라(출5:1, 8:1. 9:1). 나를 섬길 것이니라(레23:1-44).

구약성경에 나오는 이스라엘의 절기를 그리스도인들이 그대로 지킬 이유는 없다. 하지만 그 안에 있는 복음적 의미는 지켜야 한다.

안식일 - 절기의 머리이다(히4:9~11). 하나님은 이스라엘 백성들에게 안식을 거룩히 지키라고 하셨다. 예수님은 수고하고 무거운 짐진 자들에게 쉼(안식)을 주겠다고 하셨다(마 11:28). 구원받은 그리스도인들은 그리스도 안에서 안식의 삶을 살아야 한다.

봄절기 (유월절, 무교절, 초실절) - 유월절은 출애굽 전날 밤 죽음의 사자가 애굽 장자들을 죽이실 때 어린 양의 피를 문설주에 바른 이스라엘 백성의 집은 넘어감으로써 이스라엘 백성은 구원받은 데서 유래된 절기이다(출12:11). 무교절은 출애굽할 때 이스라엘 백성들이 누룩을 넣지 않은 빵을 먹은 것을 기념하는 절기이다. 그리고 초실절은 처음 익은 보리 열매를 하나님께 드리는 구약의 제사로서 맥추절이라 부르기도 한다(출23:16). 기독교 복음으로 볼 때 유월절과 무교절은 예수 그리스도의 십자가 죽음의 모형이고, 초실절은 예수 그리스도의 부활의 모형이다. 유대인들이 유월절과 무교절과 초실절을 기념하고 경험하듯이 그리스도인들은 예수 그리스도의 십자가와 부활을 기념하고 경험해야 한다.

여름 절기(오순절) - 레위기 23장에 의하면 오순절은 맥추감사절인 초실절로부터 50일째 되는 날에 밀 농사의 열매를 하나님께 드리는 추수감사절이다. 유대인의 오순절은 기독교 신앙에서 오순절 성령강림의 모형이다. 성령을 주시겠다는 예수님의 약속을 붙들고 제자들이 마가의 다락방에 모여서 간절히 기도할 때 오순절 날에 성령이 강림했다. 이날은 예수님의 부활하신 후 50일째 되는 날이다. 그리스도인들이 성령세례를 받아야 하는 이유는 성령께서 예수님의 십자가와 부활의 영성을 무르익게 하기 때문이다. 지혜로운 다섯 처녀로, 예수님의 신부로 연합되게 하신다.

가을절기(나팔절, 대속죄일, 장막절) - 나팔절은 히브리 달력으로 7월 1일에 나팔을 불어 새해를 기념하는 절기이다. 대속죄일은 나팔절 10일 후에 모든 죄를 용서받고 속함 받는 날이다. 새해 첫날인 7월 1일에 나팔을 크게 불어 회개를 촉구하고 대속죄일을 경건히 준비케 한 후에 7월 10일에 이스라엘의 모든 죄를 사함을 받는다. 장막절은 유월절, 오순절과 함께 이스라엘의 3대 절기 중 하나로서(출34:22), 선조들이 출애굽 후 40년 동안 광야에서 장막 생활을 하던 것을 기억하며 기념하는 절기이다. 나팔절과 대속죄일과 장막절은 기독교 복음에서 예수 그리스도의 재림의 모형이다. 나팔 불 때 예수님의 신부들은 공중재림으로 올리시고(나팔절), 혼합되어 있는 자들은 7년 환난으로 정화시키시고(대속죄일), 지상 재림하시어 천년 왕국으로 통치하신다(장막절).

가나안 시대를 사는 원리

가나안은 영적 전쟁을 하는 곳이다. 가나안은 세상의 영(사탄)이 지배하는 곳이다. 사탄 마귀, 바알과 아세라가 역사하는 곳이다. 가나안 7족속을 몰아내면 이미 이긴 전쟁이다. 여리고 전쟁을 하나님이 이기게 하셨다. 가나안에서 첫 전쟁이었지만 마귀의 유혹이 있었다. 전리품을 구별하지 못한 것이다. 하나님은 아간이 전리품을 훔친 것을 이미 아셨다.

게더링(gathering) 시대를 사는 원리

지금은 하나님이 흩어진 것을 모으는 회복의 시대이다. 주일학교, 청소년, 청년들이 돌아온다. 시대의 양식을 준비해야 한다. 생수를 준비해야 한다. 우상인 아간의 암반이 깨어져야 생수가 나온다. 성령님의 임재가 있게 된다. 성령님의 은사가 충만히 나타난다. 게더링 시대에 교회는 신병훈련소의 역할을 해야 한다. 교회는 정비소가 되어야 한다. 정비소에서 고장 난 차들을 점검하고 고치듯이 주님이 보내주시는 영혼들을 어디가 고장 났는지 정확하게 점검하고 수리하는 곳이 되이야 한다. 1급 정비센터, 2급 정비센터, 동네 카센터같이 각각의 교회의 사명이 있어야 한다.

이 시대 부흥원리 7

2019년 9월 18일 수요기도회에 주신 말씀

죽여야지 상처만 입히면 안 된다

성령님이 주신 교훈이다. 광야 순종의 훈련으로 배운 영성으로 가나안 7족속을 점령해야 한다. 그렇게 하려면 영적 전쟁을 치러야 한다. 여리고 전쟁은 가나안에서의 첫 번째 전쟁으로 하나님이 승리케 하셨다. 하지만 아이성 전쟁은 실패했다. 원인은 숨은 우상 아간이다.

여호수아 10:22,23,26

22)그 때에 여호수아가 이르되 굴 어귀를 열고 그 굴에서 그 다섯 왕들을 내게로 끌어내라 하매 23)그들이 그대로 하여 그 다섯 왕들 곧 예루살렘 왕과 헤브론 왕과 야르뭇 왕과 라기스 왕과 에글론 왕을 굴에서 그에게로 끌어내니라 26)그 후에 여호수아가 그 왕들을 쳐 죽여 다섯 나무에 매달고 저녁까지 나무에 달린 채로 두었다가

여호수아는 이스라엘을 대적한 큰 아모리족 5명의 왕과의 전쟁에서 승리한 후 그 왕들을 완전히 죽여버린다. 여호수아 세대의 성결인 청년의 영성을 경험한 사건이다. 모세 시대 성결의 경험은 아말렉 전쟁에서 승리한 여호와 닛시의 사건과 같다. 내 안의 숨은 우상은 7족속, 31명 이상의 왕들로 구성되어 있다. 내 안에 있는 왕들을 죽여야 한다. 상처만 입히면 나중

에 더욱 기승을 부린다. 아모리족 다섯 왕을 죽이는 경험은 매우 중요하다. 요한 웨슬레의 1738년 5월 24일 올더스게이트 성결의 경험과도 같다. 지금 시대 20대 30대들이 이런 성결의 경험하도록 멘토링을 해야 한다. 이 경험을 해야 이들이 10대들을 지도할 수 있다.

CHAPTER 20

U – FLAME 이야기

말씀대로 일하시는 성령 하나님

빈 그릇을 빌려오되 많이 빌려와서 기름을 부으라는 말씀이 이루어지기 시작했다. 2019년 9월 28일 토요일 ILP청년연합 수련회에 10교회 목사님들과 청년들이 한사랑교회에 모였다. 선지생도 아내의 기도 응답대로 부모 세대의 종들이 자녀 세대인 청년 60여 명의 비어있는 마음의 그릇에 축복 기도하는 집회가 시작되었다.

그해 3월 11일(월)부터 15일(금)까지 Pastor Invaders 국내 선교로 천안, 광주, 대구, 강릉시 4개 도시를 돌며 길거리 전도 여행을 하였고, 4월 25일부터 5월 4일까지는 ILP목사님들과 엘에이에서 뱅쿠버까지 길거리 전도 선교투어를 하였다. 그리고 2014년부터 시작된 손종원목사가 대표로 있는 ILP청년

익스플로젼 사역이 6월 24일부터 7월 5일까지 유럽 난민촌 방문과 유럽 전 지역을 청년 100여 명이 흩어져서 선교 익스플로젼을 경험하였다.

지나고 보니 코로나 시즌이 오기 전에 성령께서 모든 사역을 한 해에 집중하게 하신 것으로 느껴진다. 이 중에 피날레는 부모 세대가 자녀들을 기도해 주는 이 집회이다. 그때는 몰랐지만, 성령께서 이 시대 부흥의 기름부음이 있을 것임을 알려 주신 후 처음으로 시작한 공식적인 집회였다.

일곱이나 여덟에게 나눠주라

"일곱이나 여덟에게 나눠주라. 무슨 재앙이 땅에 임할는지 네가 알지 못함이니라"

2017년부터 이 말씀에 순종하여 우리 교회 성장보다, 형제 교회들 일곱이나 여덟에게 경험한 양식을 나누어 주려고 했다. 그리고 말씀대로 코로나의 재앙이 지구촌에 임했다. 한국교회에도 코로나로 인해 엄청난 영향이 왔다. 코로나 이전과 이후로 전환되는 하나님 공의의 손길을 경험했다.

네 떡을 물 위에 던지라

"너는 네 떡을 물 위에 던져라. 여러 날 후에 도로 찾으리라"는 말씀에 의지해서 기회 있는 대로 우리가 경험한 양식을 물 위에 던지려고 해왔다. 지나고 보니 주님이 주신 마음이다. 내 실력이 아니라는 것을 알게 되었다. 7년 전부터 매일 저녁기도회를 하게 하셨다. 철없는 청소년 영성으로 억지로 하는 것이 아니라 철이 든 청년의 영성으로 매일 저녁기도회를 감사와 소망으로 하도록 기름을 부으셨다. 여러 날 후에, 여러 해 후에, 환난의 때에, 재앙의 때에 도로 찾을 것이다.

한사랑교회는 코로나 시기에 더 많은 은혜를 받았다. 이전보다 더 많은 기름부음을 받았으며 예배에 기름이 부어졌다. 현장 예배를 한 두 번 제외하고는 거의 모든 예배가 임재 가운데 드려졌다. 주님이 말씀을 주시고 현실에서 경험하게 하셨다. 예배 후 식탁교제도 더 풍성하고 은혜로워졌다. 이 모든 것이 주님이 아시고 준비케 하신 것이다. 재앙에도 피할 길을 주시고, 주님을 경외하는 교회공동체에 공의대로 역사하시는 하나님이심을 알게 하셨다.

나병환자 네 사람의 연합

2017년 1월 11일에 주신 말씀대로 주님은 성문 어귀의 나병환자 네 사람이 연합하는 신기한 일을 행하셨다.

이천사랑교회 (예수교대한성결교회)

(지태화목사, 손희정사모, 지예림, 예성, 시온)

지목사님 어머니는 성결교회 대부흥사인 이성봉목사님이 이천교회에서 전도사로 계실 때 섬기신 이력이 있으며, 젊어서 산 기도로 기도 영성이 깊으신 분이다. 그의 삼 형제가 다 목사이다. 이미 1997년에 연합하였으며 그 후 헤어졌다가 다시 만나 함께하게 되었다. 그때 성령께서 시대적인 도시적 부흥의 생생한 환상들을 보여주셨다.

① 하늘에 큰 두려운 출렁거리는 물 층이 있는데 그중 몇 방울이 떨어지자 도망을 가다 맞고 쓰러짐.

② 도시만한 우주선이 떠 있는데 거기서 피가 떨어지는 환상.

③ 큰 공장이 있는데 부품이 모두 순금으로 되어있고 하수관에서는 맑은 생수가 흘러나오는 환상.

지목사님은 이천의 부흥을 꿈꾸며, 믿음으로 광야 연단을 받아오면서 목양해 온 형제 목사님이다. 지금 이천지역의 연합과 예수교대한성결교회에서 연합을 위해 그리고 부흥을 위해 헌신하고 있다.

수유리교회 (기독교대한성결교회)

(임응순목사, 박문정사모, 임수빈, 다빈, 혜빈)

2012년으로 거슬러 올라간다. 임목사님은 PK(Pastor Kids)로 수유리교회에 부임할 당시 교역자 회의 후 식탁에서 함께 자리하게 되었다. 당시 나는 15년 십자가의 공의를 지나고 부활의 회복으로 들어서는 때라 주님의 십자가 사랑으로 넘치게 부어지던 때였다. 식사 후 대화 중에 십자가뿐이라며 눈물을 보이더라는 것이다. 그것을 임목사님은 마음에 깊이 담고 있었다. 2016년부터 2022년 7월까지 교회 내 문제로 어려움을 겪고 있을 때 임목사님이 꾼 영적 꿈에 대한 것을 듣게 되었다. 수유리교회 15층 건물에서 큰 전쟁이 일어났는데 사람은 보이지 않지만 여기저기서 어린아이들의 목소리가 들렸다. "야 이리로 폭탄 가져와! 저리로 던져! 이리로 던져!" 하는 아이들의 소리가 들렸다고 했다. 그 내용을 듣고 즉시 전화해서 목사님 수유리교회에 대한 사명이며 목사님이 그곳에서 이룰 일이라며 어려워도 인내하며 견디라고 조언해준 적이 있었다.

코로나 전에 열방 연합예배로 함께 하자고 약속했으나 코로나가 시작되어 함께 할 수 없었다. 그러다 2022년 7월 3일 주일 열방예배에 함께하게 되었다. 캐나다에서 다음 세대를 품고 사역하는 친구 선교사도 그날 우연히 방문하여 함께 예배하였다. 성령께서 강하게 역사하시어 기름을 부으셨다. 그날 이후 수유리교회는 육 년 동안 십자가 공의의 시간을 지나고 회복으로 나가는 계기가 되었다. 아는 목사님의 중보기도를 통해 수유리교회가 7월부터 회복될 것임을 말씀하셨으며 그 내용대로 7월 3일 집회를 통해 회복의 바람이 불기 시작하였다. 가칭 새벽이슬 연합집회가 움직이기 시작했다.

철원 파더스교회 (카이캄 독립교단)

(이종용목사, 이혜정사모, 이율, 디아)

2021년 철원에서 파더스교회를 개척한 이종용목사 역시 PK(Pastor Kids)로 종의 사명을 피하여 도망 다니다가 파란 많은 인생을 살게 되고 결국 주께 헌신한 목사이다. 이혜정사모도 신비한 간증이 있다. 결혼할 당시 몸에 암이 있었다. 그래도 결혼하였고 아이를 못 가질 거라 했는데 건강한 아이 둘이 생겼다. 지금도 몸 안에 암이 그대로 있지만 건강하게 목양을 하고 있다. 주님의 표적이 있는 목회자 부부이다.

젊은이들에 관심을 가지고 찬양 사역으로 섬기다 교회를 개척하였다. 신자들이 대부분 청년으로 찬양 세션이며 코러스이다. 이전에 ILP를 통해 안면이 있었지만 서로 친분이 있는 관계는 아니었다. 주님은 네트워크 작업을 하셨다. 교회 드럼을 준비하는데 한사랑교회에 대한 마음을 주셨다고 해서 8월 13일 청년 헌신기도회에 강사로 초청하여 말씀을 나누고 함께 하였다. 2022년 4월10일 주일 철원 파더스교회 청년들과 한사랑교회에서 청년헌신예배를 함께 하였고 유플레임으로 함께하게 되었다.

성령께서 이 네 나병환자들을 묶으셨다.

집회의 기름부음을 통해서 종들을 묶으셨고

부부들을 하나로 묶으셨고

종들의 자녀들을 하나로 묶으셨다.

교회의 신자들을 서로 하나로 묶으셨다.

어려운 고비 고비도 많았지만, 주님께서 신실하심으로

풀어가게 하셨다.

원뉴맨 유플레임 열방 천사들

이동선선교사

이동선선교사는 2017년 미주 4도시 순회 ILP 청년익스플로젼 선교투어 때 처음 만났다. 아버지는 신학교 교수이고 어머니는 영성기도 사역자이셨다. 미국 UCLA대학교 내에서 선교단체를 운영하며 개척교회도 하였다. 남미선교를 열심히 하던 중 성령님의 다루심으로 모든 계획을 내려놓고 성령의 음성에 귀를 기울이며 다니는 순회선교사역을 하였다.

당시 선교사님은 텍사스주의 한 기도원에서 광야의 두 번째 십자가의 공의의 과정을 2011년부디 2017년까지 6년이라는 시간을 통해 다 마친 때였다. 2018년 동경 하와이 ILP 청년익스플로젼 투어 때 하와이에서 함께 사역하였다. 그때 성령께서 한국에 가라는 감동과 한사랑교회와 함께 하라는 감동을 받았다. 그래서 6개월을 함께 하면서 한 가족을 이루는 시간이 있었다.

당시 성령께서 청년 버스킹 선포전도의 문을 열어주셔서 ILP청년들과 연합하여 신촌, 홍대, 이태원을 매주 토요일 순회하면서 찬양하며 선포하며 퍼포먼스를 하면서 노방전도의 시간을 가졌다. 특별히 기억나는 일은 신촌에서 전도할 때 성령의 임재가 그 지역을 덮었다. 간증하는 자매는 울기만 하고, 주변에 많은 외국인 청년들이 모여서 임재 가운데 주님을 느끼고 무릎을 꿇었다. 놀라운 전도 부흥을 맛보았다. 히잡을 쓴 이란 자매가 임재를 경험하였다. 다음날 ILP선교회 대표인 손종원목사가 섬기는 광야교회 오전 11시 예배에 히잡을 쓴 이란 자매가 와서 함께 예배하는 놀랍고 감격스러운 일이 일어났다. 성령께서 앞으로 일어날 예언적인 임재전도를 경험하게 하신 것이다. 이선교사님은 다시 미국에 돌아갔으며 6년 후인 2023년 5월경 감동에 따라 한국에 오게 되어 1년 넘게 한사랑교회 게스트하우스에서 머물면서 함께 한사랑교회와 유플레임과 동역하고 있다.

조셉 붓소(최준섭) 형제

TV 프로그램인 "너의 목소리가 보여"(너목보)에서 우승하면서 한국교회와 디아스포라교회에 잘 알려진 청년이다. 조셉은 ILP 연합에서 만나게 되었다. 2016년 ILP 익스플로젼 미국 7개 도시를 순회하는 전도 투어에서 한 팀이 되었다. 성령께서 "그를 잘 양육해주어라"라는 감동을 주셨다. 알고 지내오던 중

2018년쯤의 일이다.

"목사님, 저의 멘토가 되어주시면 안 되겠어요?"

"음, 때가 된 모양이구나."

비로소 전에 내게 주셨던 감동을 이야기하자 영적인 지도를 해달라고 하였다. 2019년부터 한사랑교회에서 함께 가족을 이루며 신앙생활을 하였다. 외할아버지가 콩고에서 목사님이셨다. 믿음의 뿌리가 있고 열정이 있으며 수도원적 영성도 있는 영적으로 예민한 친구이다. 그래서 주님께서 잘 돌보라고 하신 것 같다. 지금은 미국에서 오하이오 주립대학원 과정에서 공부 중이다. 한국에 사명을 주셔서 한국어 교사자격증을 준비하고 있다. 미국과 한국을 오가면서 한사랑교회와 유플레임에서 함께 청년들과 농역하며 다음 세대를 세우는 일에 연합하고 있다.

송유석목사 믿음교회

믿음교회는 2023년 5월경 한사랑교회 5미터 코앞에 개척한 장로교 합동 측 교회이다. 이로 인해 나는 자상하고 세밀한 주님의 섭리를 경험하였다. 우리 교회 김향자전도사가 어떤 목사님이 이 지역에 교회를 개척하고 싶은데 상담을 원한다고 했다. 그래서 오시라고 해서 만났다. 총신대 신학대학과 신학대학원을 졸업하고 가정에서 목양하다가 한계를 느껴 교회 자리를 알아본다고 하였다. 좋다고 하시라고 했더니 사실 가계약한 곳이 있는데 바로 우리 교회 코앞의 위치였다. 이런저런 말을 오가다 감동에 따라 기도해 주었다. 믿음교회를 축복하시고 한사랑교회보다 더 부흥하게 역사해 달라고 기도하였다.

전에 셋째 요한이가 국가장학금 아르바이트를 근처 초등학교 유치원에서 한 적이 있었다. 자기 반 아이 중에 아빠가 가정에서 교회를 하는 아이가 있다고 말한 적이 있었다. 아내가 말하기를 혹시 그 목사님이 그 아이의 아빠가 아닐까 하였다. 나는 아내에게 신비하게 그런 소리 하지 말라고 핀잔을 주었다. 그런데 바로 그 아이의 아빠가 송유석목사님이었다. 성령께서 의도를 가지시고 믿음교회를 코앞에 두신 것이다.

함께 차를 마시며 대화 중에 한 말이 잊혀지지 않는다. 개척한 지 1년이 되는데 많은 회복을 경험했다고 했다. 만일 다른 곳에 개척했다면 6~7년이 되도 할 수 없는 많은 것들을 이곳에서 경험했다고 하였다. 평소 주님께 강하게 다루시면 감당을 못하니 부드럽게 해달라고 기도했는데 성령께서 그 기도를 들으시고 한사랑교회 코앞에 두신 것이다. 하나님이 자아를 부드럽고 신사적으로 다루시는 방법이 형제가 연합하는 것이라는 사실을 대화 중 깨닫고 자상하고 세밀하신 하나님을 함께 찬양하였다. 지금까지 믿음교회는 초교파 연합의 마음을 가지고 유플레임과 함께 연합하고 있다.

U-FLAME 청소년 청장년 연합을 세우심

새벽이슬 연합

2022년 7월 3일 수유리교회에서 열방 예배의 기름 부으심을 시작으로 7월 24일 주일 이천사랑교회에서 일곱 교회가 모인 본격적인 연합 모임으로 확산하였다. 9월 18일 주일 구로평강교회(우종성목사), 9월 25일 주일 이친사랑교회(지태화목사), 10월23일 주일 수유리교회(임응순목사), 12월 4일 주일 더드림교회(이익형목사/장로교 통합)에서 연합 모임이 있었다. 우리의 의지와 계획보다 성령의 바람을 타고 밀려가듯이 새벽이슬 연합 예배가 진행되고 있다.

새벽이슬 청소년 청년 연합회의 이름 공모

연합 수련회 때 상금을 걸고 이름을 공모하였다. 임응순목사의 딸 다빈 청년이 낸 이름인 U-FLAME이 선정되었다. u(소문자)는 "너"를 말하고, U(대문자)는 Unity 연합을 말한다. 작은 불꽃(a flame)인 네가 연합(Unity)하면 부흥의 큰 불꽃 (FLAME)이 된다는 뜻이다.

U - FLAME 연합의 특징

유플레임은 돛을 단 범선이다

엔진이 없는 돛을 단 범선이다. 구원의 방주인 노아의 방주처럼 엔진이 없는 범선이다. 자체 동력이 없다. 바람이 불면 돛을 올리고 바람이 없으면 자기가 섬기는 교회에서 충실하게 사역한다. 또다시 바람이 불면 돛을 올리고 하나로 연합하여 항해한다. 항해를 시작한 지 어느덧 2년이 넘어간다. 언제까지 항해할지도 성령의 바람이 부는 대로 갈 뿐이다.

나와 한사랑교회 공동체도 처음에 열심히 목양하려고 엔진을 급피치를 올리며 교회 성장을 위해 애쓴 시간이 있었다. 그런데 성령께서 내 안에 움직이는 동력이 검은 엔진임을 알게 하셨다. 나와 교회 안에 숨은 우상인 검은 엔진을 도려내었다. 2011년부터 엔진 없는 돛을 단 범선의 기능을 한 교회가 되었다. 그런데 주님의 섭리로 보니 함께 연합한 동역자들의 영성과 목양 자세가 나와 동일하다는 것을 알게 되었다.

유플레임에는 대장이 없다. 주강사가 없다. 주찬양 사역자가 없다. 처음부터 우리가 이렇게 하자고 한 것이 아니다. 주도권이 우리에게 있는 게 아니라 부는 바람에 돛을 단 범선처럼 항해하다 보니 이런 특성이 나타난 것이다. 예배 가운데 성령께서 주장하시는 흐름을 느낀다.

어떤 목사님은 15분 정도 말씀을 전하다 더이상 할 말이 없게 캄캄해져서 성령께서 그만하라고 하시는 것을 깨닫고 내려왔다. 어떤 분은 마이크를 넘겨주라는 감동이 와서 다른 사역자에게 넘겨주기도 하였다.

찬양 사역은 이종용목사가 하는데 중앙에 서서 주도적으로 인도하기보다 앞에는 연합한 청년들이 떼를 이루고 이 목사는 구석에서 눈에 띄지 않게 인도한다.

다음번 예배 강사도 미리 정하는 경우가 드물다. 집회가 가까워질 때 성령께서 자연스럽게 인도하시는 경우를 자주 본다. 그러다 보니 미리 정하지 않고 기다리면서 인도하심을 받는다. 우리 연합의 종들인 사역자들을 훈련 시키는 과정인 듯하다.

하나님은 유플레임이 에즈베리 부흥과 유사한 부분이 있음을 알게 하셨다. 2023년 2월 8일 수요일 에즈베리 채플에서 20~30명의 학생들이 예배가 끝난 후 기도모임을 가졌을 때 성령의 강력한 임재가 있었다. 그 후 2주간 지속적인 임재의 예배가 있다. 유플레임의 시작은 2022년 7월경이다. 매달 한 번 이상 연합예배가 이어지는 중에 에즈베리 부흥 소식을 듣게 되었다. 2023년 2월 26일 주일 오후 2시 강북 유플레임 연합으로 예배할 때 "성령님 우리에게도 에즈베리에 일어났던 부흥을 주시면 않되겠습니까? 우리에게도 부어주소서"라고 했을 때 이전보다 강한 기름부음으로 1시간가량 임했던 기억이 있다.

2023년 9월 23일 토요일 오후 4시에 에즈베리 부흥을 위해 성령께서 7년 동안 중보기도를 시켰던 말레이시아 형제 목사인 홍투 레오목사님과 사모님이 U-Flame 연합예배에 강사로 오셨다. 연합한 목사님들과 선교사님들과 함께 시대적 부흥을 위해 중보기도를 하고 집회 후에도 나눔을 가졌다. 성령께서 예비하신 집회였다.

자비량이다

유플레임은 새로운 시대의 KOSTA 같은 모양새이다.

코스타는 해외유학생 신자들의 갈급함을 보고 몇 명의 목사들과 유학생들이 시작했다. 집회 스타일은 참석한 강사들은 모두 앞자리에 앉아 소그룹을 인도하는 역할을 했다. 강사비는 없고 자비량으로 헌신하는 것으로 알고 있다. 유플레임 강사나 사역자들도 이런 흐름으로 가는 것 같다.

모임과 흩어짐, 시작과 마침을 성령의 인도하심에 맡긴다. 연합하는 시기와 끝내는 시기도 성령께서 인도하시리라 믿는다. 시작하신 분도 성령이시니 사역의 마무리도 성령께서 하실 줄 믿고 따라가는 중이다. 우리가 의지적으로 하려는 자세를 내려놓으면 성령께서 인도실 것이다. 고정 멤버도 정하지 않는다. 현재 연합하는 모든 무명자들과 무명의 교회들이 바로 유플레임이다.

일곱이나 여덟에게 나누어주는 사명이다

유플레임의 사명은 하나님께 받은 것을 일곱이나 여덟에게 나누어주는 것이다. 그렇게 되려면 주장하거나 집착하는 것을 내려놓아야 한다.

다음 세대들을 세우는 사명이다

20대 30대를 세우는 것이 유플레임의 사명이다. 20대와 30대를 세우면 그들이 또한 10대와 어린아이들을 세울 것이다.

U-FLAME을 통해 주시는 교훈

"새 포도주는 새 부대에"라는 예수님 말씀처럼 유플레임을 새 부대로 준비하라는 성령의 인도하심을 느낀다.

새 부대는 다음 세대 부흥과 연관된다

오늘날 많은 교회가 다음 세대의 중요성을 강조한다. 다음 세대에 관심을 가지고 그들을 세우려 애를 쓴다. 30년 전 도시적 부흥의 비전을 받고 "주님, 저는 성문 문지기라도 좋습니다. 교회가 성장하지 않아도 됩니다. 도시적 부흥의 문지기로 써 주시옵소서"라는 마음을 드린 적이 있다. 하지만 하나님의 부흥을 사모하면서 했던 그 연합이 깨져버렸다. 이로 인해 공황 상태의 마음을 겪으면서 도시적 부흥에 대한 마음을 자연스럽게 내려놓았다.

그런데 주님께서 다시 유플레임을 통해 마음에 감동을 주신다. 또 감동으로 깨닫게 하신다. 나는 부흥의 세대가 아니라는 것을 안다. 나는 주홍글씨가 있는 사역자다. 주님을 이용해 큰 교회를 꿈꾸며 은사를 원하고 명예를 원했던 자다. 주님의 것을 도적질했던 주홍글씨의 흔적이 있다. 물론 그 모든 것을 회개하게 하시고, 용서해주시고, 회복시켜 주셨다. 이를 통해 주님은 내가 꾸었던 꿈이 헛된 것임을 알게 하셨다.

나를 통해서, 우리 교회를 통해서 부흥의 불이 온다는 철없는 비전을 이미 과정을 통해 오래전에 사라지게 하셨다. 나와 우리 교회는 부흥 세대인 다음 세대의 울타리가 되고, 부흥 세대들이 마음껏 뛰어놀고 훈련받을 수 있도록 도와주라는 것이다. 또한 그들에게 나처럼 주님의 영광을 도둑질하지 않도록 착하고 충성되게 주의 사명을 감당하도록 잘 양육하라는 사명을 주신 것이다.

부모 세대와 자녀 세대가 연합해야 한다(말4:6).

부모와 자녀가 연합해야 기름을 부어주신다.

1980년대 교회 성장의 바람이 불어와 한국교회에 큰 성장이 일어났다. 당시 교회의 영성은 소년, 청소년의 영성이었다. 교회마다 큰 교회가 되려고 했으며, 하나님의 종인 사역자들과 신학생들이 교회 성장을 비전으로 삼았다. 하지만 성 밖으로 나가서 사역한 후에 돌아와 보니 성 안에 있는 우리 자녀들을 세상에 다 빼앗겨 버린 상태가 되었다. 2000년 이후에, 특히 2020년 코로나를 겪고 나서도 이를 깨닫지 못했다. 성장제일주의 우상에 빠지면 큰 고통이 오게 되어있다.

그가 아버지의 마음을 자녀에게로 돌이키게 하고, 자녀들의 마음을 그들의 아버지에게로 돌이키게 하리라. 돌이키지 아니하면 두렵건대 내가 와서 저주로 그 땅을 칠까 하노라 하시니라.

하나님은 "내가 네 마음의 땅을, 네 자녀의 마음의 땅을, 가족의 마음의 땅을, 교회의 마음의 땅을 저주로 칠까 하노라"고 경고하신다. 하나님이 저주하시면 그 땅은 황폐하게 될 것이다. 이런 일이 있기 전에 부모 세대와 자녀 세대가 연합해야 한다.

4명의 나병환자 교회들에게 부어주시는 이유

성령님이 내게 주신 감동이다.

"너희들이 고난을 받을 때 너희 자녀들도 교회와 함께 고난을 받았다. 그러기에 너희가 회복될 때 너희 자녀들도 너희의 가정도 내가 회복할 것이다. 고난받을 때 자녀들에게 있던 쓴 상처들도 내가 치유하며 회복할 것이다. 너희 종들의 가정이 회복된 것을 보면서 신자들의 가정도 "아, 저렇게 회복이 되는구나" 하면서 그 가정들도 회복을 맛볼 것이다. 교회도 회복을 맛볼 것이다."

앞서 언급한 '90마리 돼지의 귀환'의 원리대로라면 지금은

숨은 우상을 처리 받고, 숨은 누룩이 연단의 불로 태움을 받은
작은 영성공동체들이 쓰임을 받는 시대이다. 또 이 과정을 겪
은 자녀들에게 시대의 사명을 부어서 다음 세대를 깨울 영적
지도자로 세울 거라는 감동을 주셨다.

제도화된 중형, 대형교회가 연합이 잘 안되는 이유

그동안의 목양 시스템으로는 아버지의 마음이 자녀에게. 자
녀의 마음이 아버지에게 전달되기가 쉽지 않다. 이것을 깨달은
교회들이 몇 년 전부터 세대 통합 예배를 고심하고 있다. 하지
만 문제는 세대들이 서로 자아 독립적이라는 것이다. 특히 목
회자 자녀들이 청소년이나 청년공동체에 동화하는 과정에서 어
려움을 느낀다. 적응하지 못하면 교회를 나가 다른 교회로 간
다. 이런 교회공동체에는 하나님이 시대적 부흥을 붓기에 한계
가 있다. 새 부대가 준비되지 않았기 때문이다. 이 한계를 넘
으려면 먼저 가정이 회복되어야 한다. 가정이 회복되어 세대
간 통합이 이루어져야 청소년과 청년들이 교회에서 부흥의 일
꾼들로 쓰임 받을 수 있다.

원뉴맨의 부흥 – 이스라엘과 열방의 연합

이 시대에 쓰임 받는 부흥의 사역자들은 대부분 형제 이스라엘에 눈이 열려있다. G12 사역으로 우즈베키스탄 알마타에서 6천 명 교인과 600 교회를 개척한 김삼성선교사의 간증이 이를 말해준다. 어느 날 주님께 기도했다. 주님 사명을 다 이룬 것 같아 더이상 할 일이 없다고 하자 성령께서 새로운 새 시대의 사명을 주셨다. "너는 터키에 갈 것이고 그다음에는 이스라엘로 사역을 갈 것이다." 주님은 김삼성선교사에게 메시아닉 쥬 형제를 통해 유월절 절기로 십자가의 복음을 알게 했다. 이스라엘의 눈이 열려 지금도 이스라엘에서 러시아, 우크라이나에서 되돌아온 유대인들을 양육하며 교회들을 세우는 사역을 하고 있다. 또한 흩어진 난민들을 제자 훈련하는 사역을 하고 있다. 중보기도 사역의 이용희교수도 예배 때마다 이스라엘을 위해 기도하라는 성령의 인도하심을 받고 있다. 그 외 많은 이 시대 사역자들에게 성령께서 이스라엘을 향한 마음을 여셔서 원뉴맨 한 새사람의 영성으로 사역을 하게 하시고 있다.

사심이 섞인 사역에 속지 말라

마16:24

누구든지 나를 따라오려거든 날마다 자기를 부인하고 자기 십자가를 지고 나를 따를 것이니라.

이 말씀대로 하지 않으면 누구든지 자기 사역에 속게 된다. 사역이 안 되어서 속고, 잘 되면 더 잘 속는다. 주객이 전도된다. 사심으로 인해 스며 들어온 사역의 우상을 깨뜨려야 한다.

2024년도 접어들면서 전 세계적으로 짧은 기간에 기독교 단체와 개교회와 사역자들에게 어떤 계절이 온 것이 강하게 느껴진다. 요한복음 2장에 유월절 설기에 예수님께서 성전을 청결케 하시는 사건이 있다. 이는 유월절 절기에 자녀가 아버지를 도와 집 안에 있는 모든 누룩을 청소하는 것과 연관이 있다.

2024년이 매우 중요한 해이다. 지구촌의 기도사명자들이 공통으로 하는 말이다. 2023년에 왔던 홍투 레오 목사님도 같은 의미의 말씀을 전했다. 2024년에 벌어진 사건이 바로 사역 단체와 사역자들 내면에 숨은 누룩을 주님이 채찍으로 제거하시는 것임이 강하게 깨달아진다.

20~30년 찬양으로 큰 영향을 끼쳤던 호주의 H사역단체, 미

국의 24시 중보기도단체, 한국지부인 24시 기도단체, 중동선교에 큰 영향을 주었던 I선교회, 급성장한 K선교회의 지도자들과 유명교단 총회장 등 여러 사역자가 이런 과정을 겪고 있다. 물론 사역으로 볼 때 그들이 잘해왔던 부분도 있을 것이다. 하지만 하나님은 그들 안에 숨어있던 누룩을 보셨다. 그리고 선교단체들과 교회들과 사역자들의 내면에 있는 누룩의 제거를 시작하셨다. 이 누룩이 제거되어야 한다. 많은 연단으로 누룩이 제거된 종들과 교회들이 새로운 시대의 새 가죽 부대가 되면 하나님은 그 안에 시대의 부흥인 새 포도주를 담으실 것이다.

말씀 선포 (하깃다, 하가)

신명기 6:4~9

4)이스라엘아 들으라 우리 하나님 여호와는 오직 유일한 여호와이시니 5)너는 마음을 다하고 뜻을 다하고 힘을 다하여 네 하나님 여호와를 사랑하라 6)오늘 내가 네게 명하는 이 말씀을 너는 마음에 새기고 7)네 자녀에게 부지런히 가르치며 집에 앉았을 때에든지, 길을 갈 때에든지, 누워 있을 때에든지, 일어날 때에든지, 이 말씀을 강론할 것이며 8)너는 또 그것을 네 손목에 매어 기호를 삼으며, 네 미간에 붙여 표로 삼고 9)또 네 집 문설주와 바깥 문에 기록할지니라.

요즘 들어 두드러진 일은 어린이와 청소년과 장년이 말씀 선포로 기도하는 일이 진행되고 있다는 것이다. 하깃다 사역은 이동선선교사와 연관이 있다. 5년 전 한국에 왔을 때 청년 버스킹 선포전도를 했지만 대한민국의 영적인 상황과 계절이 힘든 시즌이어서 "해칠 자가 결코 없으리라"(눅10:19)는 말씀을 선포하고 적용하기가 힘들었다고 한다. 2023년 다시 오게 되었는데 대한민국의 영적인 상황과 계절이 달라진 것을 경험하고 교회에 적용한 적이 없었던 말씀선포 사역을 한사랑교회와 수유리 교회에서 적용하게 되었다.

이전에 수유리교회 임용순목사에게 꿈으로 보여주었던 그것이다. 시대의 전쟁이 벌어졌는데 사람은 보이지 않고 어린이들과 청소년들의 소리만 들린다. "포탄을 이리 가져와라. 여기에 떨어뜨려라. 저기에 떨어뜨려라." 웅성웅성 소리가 들렸다고 했다. 그 꿈이 실제가 되었다. 6살 여자아이, 초등학교 3학년 아이, 청소년들과 청년과 장년들 30여 명이 토요일 연합으로 수유리교회에서 오후 3시에 모여 대한민국을 위한 말씀선포기도를 하게 된 것이다.

주 예수 그리스도께서 대한민국에게 뱀과 전갈을 밟으며 원수의 모든 능력을 제어할 권능을 주셨으니 대한민국을 해칠 자가 결코 없으리라

1시간을 선포하고 30분 나눔과 간증을 한다. 2023년 11월부터 지금까지 하고 있다. 이러한 선물을 주신 이유는 주님의 재림이 가까이 올수록 부으실 부흥의 특징과 초림 때 부흥의 특징이 같기 때문이다.

오순절 부흥 후 1세기까지의 초대교회의 특징

유대인과 이방인 함께 예배하는 공동체.

안식일과 절기를 지키는 공동체.

말씀을 읊조리는 하가 하는 공동체.

유교병이 아닌 순수 무교병을 먹음으로 말씀 자신이 친히 일하심을 보여주는 것이다. 이 시대 숨은 누룩을 제거하는 이유는 사역자들이 사역을 통해 주님이 주신 능력으로, 설교로, 신유 은사로, 상담 은사로, 예언 은사로, 제자훈련 사역으로 하나님께 드릴 영광을 슬며시 도둑질한 원인이 가장 크다. 말씀 그대로를 선포하거나, 말씀을 마음에 새기는 것은 자기 의가

훨씬 덜 드러난다. 실제로 일어난 일들이 내가 한 게 아니라 성령께서 살아있고 운동력 있는 말씀으로 일하셨음을 인정할 수밖에 없다.

이스라엘 유대인의 부흥과 열방 부흥과의 차이

구약성경의 부흥은 하나님의 말씀인 토라와 관계가 있다. 시내산에서 영광 가운데 강림하신 여호와는 이스라엘 백성에게 토라 율법을 수여하셨다. 말씀으로 이스라엘 백성들과 언약을 맺으셨다. 에스라 부흥 운동도 발견한 토라를 소리 내어 읊조릴 때 하나님의 영광이 임하였다. 열방인 우리는 말씀의 민족인 이스라엘이 아니다. 소상 내내로 안팎이 우상인 환경 가운데 살아서 말씀에 관심이 없다. 말씀보다는 주님의 신비한 만지심과 은사적 사역에 관심이 더 많다. 고린도 교회 신자들의 모습이 열방교회의 모형이다.

하나님은 열방교회에 시대적 부흥으로 임재하셨다. 하지만 부흥이 오면 잠시 변하다가 이스라엘처럼, 아니 그보다 더 빨리 변질되고 타락한다. 쉐마 말씀을 마음에 새기는 혈통적 습관이 없기에 다시 숨은 우상이 장악하는 것이다.

마지막의 마지막을 사는 지금 시대에는 말씀을 새기는 쉐

마의 전통이 교회 안에 있어야 한다. 특히 부흥 세대인 어린이와 청소년에게 말씀이 부어지기를 주님은 원하신다. 그들의 마음에 말씀이 새겨져야 한다. 광야 1세대는 안 된다는 것을 하나님은 아신다. 그래서 출애굽한 이스라엘의 1세대가 죽기까지 기다리신 것이다. 지금 하나님은 광야에서 난 부흥의 세대에 이것을 적용하신다. 이것이 시대적인 하나님의 손길이며 교훈이다.

임재 부흥전도를 알려주심

요한복음 4장의 사마리아 여인을 전도하시는 예수님에게서 전도 방법을 배울 수 있다. 사마리아 여인은 이방인을 상징한다. 시대적 전도법으로 1970~1980년대 전도의 특징은 여인의 고백에 잘 나타나 있다.

"당신이 야곱보다 더 크니이까"(요4:12)

70~80세대는 큰 것을 원하는 시대, 큰 능력과 물질의 복을 간절히 원하던 시대였다. 1990년대 전도의 특징은 이렇다.

"네 남편을 데려오라"(요4:16).

"나는 남편이 없나이다"(요4:17).

"너에게 남편 다섯이 있었고 지금 있는 자도 네 남편이 아니니 네 말이 참되도다"(요4:18).

"주여, 내가 보니 선지자로소이다"(요4:19).

예수님이 사마리아 여인의 비밀스러운 것을 말씀하자 여인의 반응하는 태도가 즉시 바뀐다. 능력 전도, 은사 전도, 지식의 말씀, 지혜의 말씀으로 인해 영적 예배에 관심을 가진다.

"우리 조상들은 이 산에서 예배하였는데 당신들의 말은 예배할 곳이 예루살렘에 있다 하더이다"(요4:20).

이방인 교회인 우리에게 주시는 말씀이다.

이스라엘이 교회라고 여기고, 유대인에게 주신 축복이 교회의 축복이라고 생각하는 대체 신학에 영향을 받은 열방교회의 예배를 예수님은 "이 시대에 너희는 모르는 것을 예배하고 있다"(요4:22)고 말씀하신다.

"이는 구원이 유대인에게서 남이라"(요4:22).

예수님은 유대인이시고 유대인의 왕이시다. 본 자녀인 유대인을 구원하려고 오셨다. 메시야가 오시면 모든 것을 우리에게 알려주실 것이다.

"내가 바로 그로다"(요4:26).

예수님이 이방인을 상징하는 사마리아 여인에게 자신을 나타내셨다. 이 시대에 부으실 임재 전도이며, 그동안 시대마다 지구촌 열방에 역사하신 부흥 전도이다.

2024년 6월 30일 주일 오후 4시 한사랑교회와 수유리교회가 연합해서 우이천에서 전도하였다. 그날 그 지역 전체를 성령께서 은은하게 덮는 영적 분위기를 경험하였다. 참여한 아이부터 어른까지 평안한 가운데 찬양하고, 간증하고, 선포 메시지를 전하는 모든 순서 순서마다 주변에 있는 모든 이들에게 영적 영향을 준다는 느낌이 드는 전도사역이었다. 앞으로 일어날 충만한 부흥의 3~5% 정도를 느낀 경험이었다.

철원 김화 동송지역에 불이 붙다

철원의 더파더스처치 이종용목사는 철원에 있는 어느 동역자 목사와 함께 연합을 해왔다. 그러나 모든 도시가 그렇듯이 철원지역도 쉽지 않은 지역이다. 2024년 3월 유플레임이 철원의 다음 세대의 부흥을 위한 집회를 하였다. 조셉붓소 형제를 초청하여 집회를 열었다. 이때 김화지역의 고등학교 여교사가 은혜를 받았다. 그 자매는 김화지역을 위해 복음으로 헌신한 신실한 자이다. 발령받은 고등학교에서 학생들에게 전도하다 교감선생님과 학부형들이 핍박하고 교육청에 투서하여 결국 다른 지역 강릉으로 발령받게 되었다. 그 자매는 철원지역 목사님들에게 자신이 김화지역의 학생 복음화를 위해 사명 받았음을 알리고 중보기도를 요청하였다.

발령 전날 학교에서 이미 교사가 왔다고 오지 않아도 된다고 했다. 다음에 원주에 발령 났지만, 또 발령 전날 취소되었다. 그리고는 철원에 발령이 났지만, 그 자매는 김화지역이어야 한다는 믿음으로 반응했고 결국 김화지역의 그 고등학교와 같은 운동장을 사용하는 중학교에 발령이 났다.

발령이 난 중학교에서 교감 선생님이 예수님을 믿고 은혜를 받는 일이 일어났다. 교감 선생님은 그 자매에게 동아리를 만들라고 독려하였다. 그래서 동아리를 만들었고 처음에 3명으로 시작한 동아리가 20여 명이 넘게 되었다. 이들이 주변 학교를 돌며 진도하기 시작했다. 이 자매 교사와 학생들이 이종용목사에게 김화지역 학생 복음화를 위한 예배를 부탁했다. 그래서 매달 토요일에 예배를 인도하고 있다. 나중에 들은 소식은 이런 교사가 네 명이 더 있다는 것이다. 성령께서 불모지와 같은 지역에 부흥의 불씨를 붙이고 계시다. 어느 목사님이 기도하다 그 자매에 대한 환상을 보았다. 피투성이가 되었는데도 손에 든 깃발을 끝까지 놓지 않더라는 것이다.

이 사건은 이 시대에 주시는 다음 세대 부흥의 특징에 대한 힌트이다. 이전에 학원 복음화는 주일학교 교사나 교육전도사들이 학교 앞에서 사탕을 나누어주면서 했다면 이 시대는 다음 세대의 자녀들이 성령의 불을 받아 학원 선교사가 되어 학교에서 기도 모임을 하는 것이다. 초등학교, 중학교, 고등학교 학생들이 능동적인 사역자가 되어 양육을 주도하는 비전을 주셨다. 어른 세대 사역자들은 이들의 울타리가 되어 보호해주고, 중보 기도해 주고, 영성을 지도해주는 역할을 해야 한다.

성경이 조명한 유플레임 연합의 영성

시편 133:1~3

1)보라 형제가 연합하여 동거함이 어찌 그리 선하고 아름다운고 2)머리에 있는 보배로운 기름이 수염 곧 아론의 수염에 흘러서 그의 옷깃까지 내림같고 3)헐몬의 이슬이 시온의 산들에 내림 같도다 거기서 여호와께서 복을 명하셨나니 곧 영생이로다

형제가 서로 연합하고, 형제교회가 서로 연합하는 것을 주님은 가장 선하고 아름답게 보신다. 연합한 곳과 연합한 마음에 그리고 연합한 공동체 위에 성령의 기름을 부으신다. 기름을 부으시는 영역이 그동안 우리가 개인적으로나 개교회적으로 경

험한 것과는 차원이 다르다. 머리부터 발끝까지 그리고 주변으로 흘러내리는 신비한 역사가 일어난다.

개인적으로나 개교회적으로나 나름대로 영적인 경험의 분량이 있을 수 있다. 하지만 기도의 남다른 체험, 전도의 남다른 체험, 은사의 남다른 체험은 신앙에 자신감이 생기고 더 나아가 자부심이 생긴다. 이스라엘처럼 선민의식으로 발전될 위험성이 있다. 그러나 모인 사람들이 서로의 연약함을 인정하고, 서로의 장단점을 수용하여 연합하면 그런 일이 없다. 주님께서 너무 기뻐하신다. 이전에 경험해보지 못한 주님의 마음을 알게 되고, 예수님의 성품이 기름부음으로 부어진다.

시편 131:1-3

1)여호와여 내 마음이 교만하지 아니하고 내 눈이 오만하지 아니하오며 매가 큰 일과 감당하지 못할 놀라운 일을 하려고 힘쓰지 아니하나이다 2)실로 내가 내 영혼으로 고요하고 평온하게 하기를 젖 뗀 아이가 그의 어머니 품에 있음 같게 하였나니 내 영혼이 젖 뗀 아이와 같도다 3)이스라엘아 지금부터 영원까지 여호와를 바랄지어다.

부부가 서로 연합하지 못하고, 부모와 자녀가 연합하지 못하고, 종들과 종들이 연합하지 못하고, 교회와 교회가 서로 연합하지 못하는 이유는 교만함 때문이다. 눈이 오만해서 큰일과 감당하지 못할 놀라운 일에 힘쓰기 때문이다. 자기의 분수를 모르기 때문이다. 자기 마음 안에 숨은 우상을 모르기 때문이다. 자기 눈에 들보를 보지 못하고 남의 눈에 티끌을 너무 잘 보기 때문이다. 부분적이라도 자신의 숨은 우상을 수술받고, 시술받은 경험이라도 있을 때 연합할 작은 통로가 생긴다. 그만큼 안식을 경험한다. 그만큼 십자가에서 다 이루었다 하신 주님이 주시는 평안을 경험한다. 엄마 품에서 젖을 뗀 아이같이 다른 욕구가 다 사라지고, 엄마 품에서 안식을 얻듯이 주님의 얼굴을 구하는 영성의 작은 샘이 생기게 된다.

왕하7:3~4

3)성문 어귀에 나병환자 네 사람이 있더니 그 친구에게 서로 말하되, 우리가 어찌하여 여기 앉아서 죽기를 기다리랴 4)우리가 성읍으로 가자고 말한다면 성읍에는 굶주림이 있으니 우리가 거기서 죽을 것이요. 만일 우리가 여기서 머무르면 역시 우리가 죽을 것이라. 그런즉 우리가 가서 아람 군대에게 항복하자. 그들이 우리를 살려두면 살 것이요. 우리를 죽이면 죽을 것이라 하고

그들은 한 마디로 코드가 맞았다. 서로 개성이 다르고 기질

은 달라도 환경은 같기 때문이다. 천형을 입은 문둥이들이 무슨 할 말이 많겠는가. 스스로 문둥이임을 익히 아는 자들이다. 잘난 인생, 잘난 가정, 잘난 목양 환경이 아님을 아는 자들이다. 목양으로 한 번도 빛이 나본 적이 없는 자들이다. 잠시 낮아져도 다시 일어서리라는 소망도 무너진 자들이다. 마음이 겸손하여 낮아져서 자신의 분수를 아는 자들이다. 그러니 서로 자기 의견을 주장하려는 자세가 없다. 서로 말하되 우리가 어찌 여기 앉아서 죽기를 기다리랴. 성 안에 갈 수도 없지만 가더라도 굶주려 죽을 바에 여기서 죽을 것이다.

우리가 가서 항복하자.

내 자아를 내려놓고 항복하자.

하나님의 손길에 나를 내려놓고

죽이시면 죽고

살리시면 살 것이다.

의견이 일치된다.

사명이 일치된다.

서로 연합이 자연스럽게 된다.